최고의 리더는
어떻게 변화를
이끄는가

무기력에 빠진 조직에 과감히 메스를 댈 7가지 용기

최고의 리더는 어떻게 변화를 이끄는가

기무라 나오노리 지음
이정환 옮김

다산북스

시작하는 글

변화의 열쇠를 쥐고 있는
이 땅의 수많은 리더들에게

21세기에 들어선 이후, 세계 경제 및 기업의 경영 환경은 시시각각 거대한 지각 변동을 맞고 있다. 2008년 월가의 투자은행 리먼 브라더스Lehman Brothers가 파산한 '리먼 사태'가 대표적이고, 최근에는 인공지능AI이나 빅데이터 해석을 비롯한 기술의 혁신이 촌각을 다투며 일어나고 있다.

이러한 변화들은 전 세계에서 동시다발적으로 발생하고, 심지어 지구 반대편에서 일어났다고 해도 우리에게 즉각 영향을 끼친다. 이런 예측 불가능한 변화에 대응하기 위해서는 기업 역시 비연속적인 진화를 이루어야만 살아남을 수 있다. 그렇다면 기업이 변화에 발맞추기 위한 결정적 열쇠는 무엇일까?

내가 몸담고 있는 IGPIIndustrial Growth Platform, Inc.는 경영 컨설팅,

M&A 자문, 벤처기업이나 대기업에 대한 투자를 비롯해 제조 현장 개선, 지역 내 소규모 회사의 경영까지 폭넓은 범위의 사업을 펼치는 회사다. 그중에서도 내가 중점적으로 담당하고 있는 일은 오래된 글로벌 제조회사, 즉 '세계적으로 역사가 깊은 대기업 조직'에 근본적인 변화의 바람을 일으키는 경영 컨설팅이다.

이러한 기업들을 사람에 비유하면 '당장 외과 수술이 필요할 정도로 존폐의 위기에 놓인 시한부 기업' '지금 당장 생명이 위태롭지는 않지만 나중을 위해서 당장 근본적으로 체질 개선이 필요한 기업' '건강한 상태를 유지하고 체력을 키우기 위해 내실을 단련해야 하는 기업' '올림픽에서 금메달을 따겠다는 목표처럼 해당 분야에서 세계 최고가 되기 위해 하드 트레이닝에 힘쓰는 기업' 등이라고 할 수 있다. 그 외에도 나는 다양한 문제를 겪고 있는 크고 작은 기업들을 지원해왔다.

수십 년간 저마다의 과제를 해결하기 위해 애쓰고 있는 기업들을 분석하면서, 그들 사이에 공통적인 특징이 있다는 사실을 깨닫게 되었다. 첫째, 이들은 '조화'를 최우선으로 중시하면서 서로 긴밀한 협조하에 일을 진행해나갔다. 둘째, '호흡이 잘 맞는 커뮤니케이션'을 지향하며 다수의 의견에 토를 달지 않는 것이 미덕이라고 여겼다. 마지막으로 회사에 대한 귀속의식과 충성심이 강하고, 외부인을 철저히 배제한다는 점이었다.

이런 특징들은 당장이라도 존망의 위기에 처한 시한부 기업이든 세계 최고를 지향하는 기업이든 정도의 차이는 있지만 문제를 안고 있는 곳이라면 거의 공통적으로 나타나곤 했다. 그리고 오래전부터, 그리고 지금까지도 대기업 조직 문화의 근간을 이루며 변화와 혁신을 어렵게 만드는 가치관으로써 작용하고 있다.

물론 나는 이 책에서 "기존의 가치관은 시대에 어울리지 않으니 완전히 바꾸거나 버려야 한다"라고 이야기하진 않을 것이다. 동전에 앞면과 뒷면이 있듯이, 어떤 가치관이든 좋은 점과 나쁜 점은 동시에 존재한다. 지금까지 조화와 안정을 중시했던 수많은 대기업들이 그들의 조직 문화 덕분에 놀라운 경제 발전을 이루어냈던 것 역시 사실이다.

그러나 앞서 말한 것처럼 지금은 비즈니스 환경이 눈에 띄게 달라졌다. 이 책을 통해 말하고 싶은 것은 변화를 두려워하는 나태한 조직에 새로운 바람을 불어넣고 싶은데, 아무리 애를 써도 도저히 바뀌지 않을 때 어떻게 대처해야 하는가에 대한 방법이다. 나는 유사한 문제를 고민하는 기업들을 오랜 세월 동안 컨설팅해온 경험을 통해 그 변화의 열쇠는 팀의 중간관리자, 즉 기업 내 작은 조직의 리더에게 있음을 발견해냈다. 그들이 앞으로 조직에 퍼뜨려야 할 새로운 방식의 조직 문화에 대해 소개해보겠다.

브라이트사이드 스킬
vs. 다크사이드 스킬

　지금껏 리더에게 요구되는 '스킬(기술)'로는 논리적 사고력이나 재무 및 회계 지식 등 주로 하드웨어적인 것들이 강조되어왔다. 나는 이 책에서는 그러한 기술들을 '브라이트사이드 스킬Brightside Skill'이라고 부를 것이다. 물론 일을 효과적으로 처리하고 문제를 해결하기 위해서는 이러한 능력들이 매우 중요하다. 하지만 주어진 일을 요령 좋게 처리하는 능력만으로는 조직에 변화를 일으킬 수 없다. 즉, MBA에서 교과서로나 배울 법한 커뮤니케이션 스킬이나 자료 정리 능력과 같은 '듣기에 그럴듯한 기술'로는 조직원들의 마음을 하나로 모으기에 부족하다는 뜻이다.

　감정이 있는 생명체인 조직원들을 설득하고 움직이며, 강한 관성에 이끌리는 사업의 방향을 비틀고 변화를 주도하기 위해서는 사람에게 영향을 끼치거나 때로는 뜻대로 조종할 수 있는, 약간은 비밀스러운 기술이 필요하다. 자신의 마음 깊은 곳, 어둠 속에 감춰진 욕망으로까지 손을 뻗어 스스로를 다스려야 하고, 나아가 상사 및 조직원들의 생각을 포착해 그것을 적절하게 활용할 수 있어야 한다. 이것이 바로 '브라이트사이드 스킬'과 대조되는 능력, '다크사이드 스킬Darkside Skill'이다.

이 책은 각 조직의 중간관리자들이 다크사이드 스킬을 길러 때로는 독하게, 때로는 유연하게 조직원들을 움직이고 변화를 주도할 수 있는 방법을 설명하고 있다. 강력한 리더가 되고 싶은 사람들, 장차 조직을 이끌 미래의 리더들에게 이 책이 동반자로서 조금이라도 도움이 될 수 있다면 저자로서는 더할 나위 없이 기쁠 것이다.

기무라 나오노리

목차

1부

흔들리지 않는 리더를 만드는 7가지 다크사이드 스킬

· 1장 ·

위기를 숨기지 마라

리더가 솔직하지 못하면 조직이 대가를 치른다

· 2장 ·

눈치 보지 않는 직원을 뽑아라

다른 말을 할 줄 아는 사람이 필요하다

· 6장 ·

시험대 위에서 도망치지 마라

결정적 순간에 위기를 해결하는 자가 진정한 리더다

· 7장 ·

철저히 이용하고 기꺼이 이용당하라

마음을 하나로 모아야 큰일을 해낼 수 있다

결정적 순간에 위기를 돌파하는 리더의 승부수

· 1장 ·

언제든지 변화를 일으킬 태세를 갖춰라

승부를 걸어야 할 순간은 예기치 않게 찾아온다

· 2장 ·

사람을 조종하는 리더의 3가지 능력

때로는 따뜻하게 때로는 냉철하게 나만의 군대를 만든다

· 3장 ·

어떤 사람이 흔들리지 않는 리더가 되는가

신념이 있어야 고독을 이겨낼 수 있다

3부

무기력한 조직에 메스를 들이댈 리더의 용기

· 대담 ·

기무라 나오노리 × 마쓰이 타다미쓰

프롤로그

치열한 격투를 위한
'다크사이드 스킬'의 시대

나는 경영 컨설턴트로서 대기업의 경영진은 물론이고 부장이나 과장급 등의 중간관리자를 대상으로 한 리더십 프로그램을 수없이 진행해왔다. 여기서 말하는 대기업이란 역사가 오래되고 규모가 거대한 기업, 그리고 이미 오래전에 오너 경영 체제에서 전문경영인 체제로 바뀐 기업을 뜻한다.

대기업에서 차세대 리더를 육성하기 위해 만든 리더십 프로그램은 저명한 경영자들을 강연자로 초빙하는 경우가 많은데, 실제로 강연에 참석한 사람들의 이야기를 들어보면 오히려 그런 경영자들의 강연은 왠지 거리감이 느껴진다고 한다. 들어보면 구구절절 맞는 소리지만 마치 딴 세상의 이야기 같아서 지금 자신들이 떠안고 있는 현실적인 문제를 해결하는 데 그리 큰 도움을 주지 못한다는 것이다.

나 역시 강연자로서 미래의 리더가 될 사람들이 지금 시점에서 들어두면 좋을 주제가 무엇인지 고민해보았다. 그 결과 내가 포착한 주제는 '7가지 다크사이드 스킬'이었다. 이 내용에 관해서는 1부와 2부에 걸쳐 자세히 설명하겠다.

먼저 이 책이 규모가 크든 작든 하나의 조직을 이끄는 리더들을 주요 대상으로 삼은 이유부터 말하자면, 조직의 최상위층인 경영진과 현장 사이에 있는 중간관리자야말로 역사가 깊고 거대한 대기업을 근본적으로 개혁하는 데 가장 중요한 역할을 담당하고 있기 때문이다. 그 이유를 지금부터 설명해보록 하겠다.

사라질 기업들과
그럼에도 살아남을 기업들

옆에 제시한 그래프를 통해 일본 내 주요 기업들의 실적을 살펴보면 1980년부터 2012년까지 매출액은 높아졌지만 영업이익률, 즉 '영업 활동으로 인한 수익률'과 '이익을 올리는 능력'은 떨어지고 있다는 사실을 알 수 있다. 단 이는 2012년까지의 성과를 다룬 자료고, 진짜 문제는 그 이후다. 아베 정권이 경기

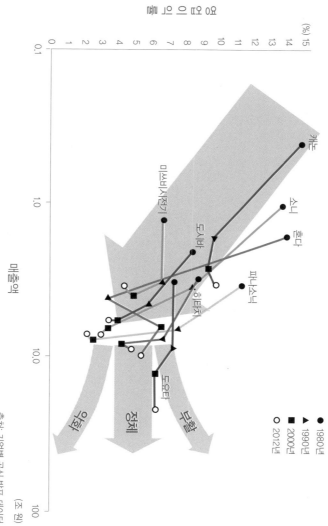

일본 주요 기업의 실적 추이

영업 이익률

(%) 15
14
13
12
11
10
9
8
7
6
5
4
3
2
1
0

0.1
1.0
10.0
100

매출액

(조 원)

출처: 기업별 공시 발표 데이터

● 1980년
▲ 1990년
■ 2000년
○ 2012년

캐논
소니
혼다
미쓰비시전기
도시바
히타치
파나소닉
도요타

이익
정체
부활

부양 정책인 아베노믹스를 실시하면서, 20년 가까이 이어져온 일본의 디플레이션과 엔고 탈출이 이루어졌고 기업을 옥죄던 여건들도 하나둘씩 해소되기 시작했다. 그리고 이러한 적극적인 경제 성장 정책과 맞물려, 소니나 파나소닉과 같은 기업들은 강도 높은 구조조정을 펼치며 수익률을 개선시켰고 제2의 전성기를 맞이할 수 있었다.

이렇게 몇몇 기업들은 매출이나 시장 점유율에만 치중하던 전통적인 경영 전략을 고집하는 대신, 급속도로 떨어지는 성장률을 잡기 위해 대대적인 구조 개혁을 단행했다. 그러나 다른 기업들은 위기의식을 가벼이 넘기며 기존의 방식을 고집했다. 당장 긴급 수술이 필요할 만큼 심각한 증세를 보이지 않는다는 생각에 손을 쓰지 않았고, 결국 만성질환을 앓게 된 것이다.

앞에서 말한 2008년 리먼 사태 등으로 인해 기업 경영 환경이 급격하게 악화되고, 기업 지배구조 헌장(주주의 권리, 이사회 및 감사위원회의 권한과 책임 등 기업 지배구조와 관련된 명문화된 규범) 등을 통해 경영 전반에 대한 감사가 철저히 이루어지면서 모든 기업은 살아남기 위해 기존의 경영 방침이나 구조를 완전히 바꿔야 할 상황에 놓이게 되었다. 그래서 어쩔 수 없이 감당하기 어려운 사업 부문이나 시장 영역, 제품 등을 나름대로 정리해나갔다. 종합 전자제품 회사가 텔레비전 사업의 수직 통합 모델(원료 기업이 말단 제품 분야까지 생산 영역을 넓히는 방식)에 손을 뻗거나, 디지털화를 통해 비용으로 승부를 걸기 쉬운 B2CBusiness to Customer 계열 사업과 연합한 것이 그 예이다. 이런 식의 구조 개혁을 통해 몸집을 줄이면서, 주력 사업에 집중적으로 투자해 성장을 꾀하려는 목적이었다.

애매한 사업에 대한
과감한 결단이 필요하다

수익이 나지 않는 '문제적 사업'에 대해 구조 개혁을 단행해나가는 것만큼 중요한 과제가 또 있다. 사업의 수익성을 표로 나타냈을 때 표의 오른쪽에 있는 고수익사업도, 당장 긴급 수술이 필요한 문제적 사업도 아닌, 한가운데에 끼어 있는 어중간한 사업에 대한 정리다.

편의상 '사업'이라고 표현했지만, 단일 사업체의 경우는 지역이 될 수도 있고, 경우에 따라서는 고객이나 제품이 될 수도 있다. 어쨌든 모든 기업에는 주력 사업이나 근본적으로 개선해야 할 문제적 사업도 아닌, 존재감이 미비해서 지금껏 어영부영 유지되어온 사업이 있기 마련이다.

이런 사업들은 대개 매출이 좋은 해에는 이익이 나와도 다른 사업 부문에 비하면 현저히 떨어지고, 매출이 나쁜 해에는 겨우 본전이거나 적자인 경우가 대부분이다. 바로 여기에 문제가 있다. 이 애매하고 어중간한 사업을 어떻게 개선하느냐에 따라 기업이 V자 회복을 이루어 상승기류를 타거나, 만성질환에 걸린 것처럼 계속 수익이 낮아지느냐를 결정하기 때문이다.

물론 이런 애매한 사업을 모두 정리해야 한다는 말은 아니다. 지금은 딱히 눈에 띄는 성과가 없어도, 주력 사업에 없어서는 안 될 중요한 기술을 갖고 있거나, 다른 회사와의 관계에 따라 성장을 기대해볼 수 있는 사업도 있기 때문이다. 중요한 점은 그 사업을 끝까지 책임지고 일으킬 거라면 확실히 일으키고, 처분할 생각이라면 확실하게 손을 대야 한다는 것이다.

가장 최악의 운영은 그런 사업에 대해 아무런 행동도 취하지 않고 방치해두는 태도다. 매년 엄청난 적자를 내는 것도 아니고, 또 때에 따라서는 어느 정도 이익이 나오는 사업들에 굳이 손을 대는 건 엄청난 용기가 있지 않고서야 쉽지 않은 일이다. 더군다나 몸집이 크고 의사결정자가 많은 대기업에서는 더더욱 어려운 일이다. 그래서 큰 기업일수록 드러나지 않는 어중간한 사업들이 쌓여서 전체적으로 수익이 떨어지는 주요 원인이 되곤 한다. 눈에 띄게 실적이 나쁘면 경영자 입장에서도 쉽게 문제의식을 느끼겠지만, 어정쩡해서 크게 흑자도 아니고 적자도 아닌 사업은 적극적으로 구조를 뒤엎을 동기를 찾기가 어렵다. 그렇게 애매한 사업들은 고인물이 되어 조직 전체를 썩게 만든다.

해마다 조직의 리더들은 각 사업의 결산 결과를 발표하는데, 여기에서 문제가 되는 지점 역시 '기타'로 분류되는 일들이다. 부품 제조기업인 경우 자동차용, 산업기계용 등 자신들의 주력 분야가 아닌 '기타 분야'라 불리는 어중간한 사업이 끼어 들어가 있으면 주력 분야에서 힘들게 영업 이익을 끌어올려놓아도 전체 이익률이 떨어지게 된다.

한 치 앞만 보느냐

이익의 싹을 잘라버리는 기업들

대개 수익이 떨어진 상황에서 기업들은 우선적으로 쉽게 줄일 수 있는 판매비용, 관리비용(직원의 복지나 출장 횟수 등)에 손을 대는 식으로 불필요하다고 생각하는 경비를 삭감하기 시작한다. 그러나 이런 방법으로는 수익 개선에 큰 효과가 없기 때문에 한 번에 좀 더 많은 비용을 줄이고 싶을 때에는 R&D, 즉 연구개발 분야에까지 손을 뻗게 된다. 이때는 주력 사업의 제품이나 앞으로 신제품에 사용할 기술을 개발하는 분야는 남겨두고, 10년 뒤를 내다

보는 기초 연구나 현재의 주력 사업과 관련이 적은 연구개발 등 당장 필요하지 않다고 판단되는 분야를 축소시킨다.

그다음 타깃은 인재개발 분야다. 인재에 대한 투자 역시 단기적으로는 효과가 눈에 드러나지 않거나 중요하지 않다고 판단되어 쉽게 제거 대상에 오른다.

그러나 이는 완전히 잘못된 생각이다. R&D나 인재개발 분야는 기업이 이익을 만들어내는 '원천'이자 미래를 위한 가장 중요한 투자처다. 당장의 이익만을 생각해 원천을 제거해버리는 것은 5년 후, 10년 후 발생할 이익의 싹을 잘라버리는 행위라서, 중장기적으로는 막심한 손해를 가져다줄 것이다.

게다가 다른 관점으로 보면 R&D나 인재개발 투자는 '변동비용'이라서, 이 비용들을 삭감한다고 해도 사업의 구조 자체는 크게 바뀌지 않는다. 본질적으로 '고정비용'에 손을 대지 않는 한 '이익을 올릴 수 있는 능력'은 높아지지 않는다. 사실 고정비용을 줄이기 위한 가장 효율적인 방법은 매장의 수를 줄이거나 정리해고를 하는 것이다. 그러나 이는 직원들로부터 극심한 반발을 불러일으키기 때문에, 반대 의견이 적은 변동비용부터 줄이면서 어떻게든 버텨보려고 하는 것이다.

옆에 제시한 표를 통해 세계적인 전자기기 기업들의 연구개발비 현황을 살펴보면, 10~20년 후를 바라보는 기업들의 투자 방향이

전자기기 관련 기업의 연구개발비(2015년 기준)

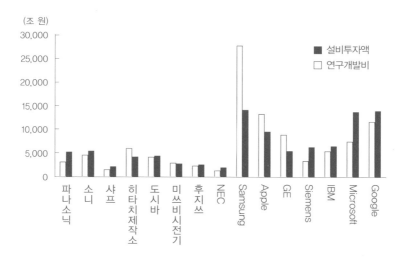

출처: 일본 경제산업성 '사업 재편에 관하여'(2017. 1. 23)

어디를 향하고 있는지 알 수 있다. 삼성과 애플, GE와 같은 혁신 기업들은 설비투자비보다 연구개발비를 더 높게 책정하고 있으며, 다른 기업들 역시 비슷한 수준으로 투자를 진행하고 있다. 이처럼 기업이 미래를 대비하기 위해서는 과감하게 사업 구조를 개편해야 한다. 다시 말하지만, 모든 것을 개선해야 한다는 것이 아니라 효과적인 변화를 위해 애매한 사업에 대한 정리를 서둘러 단행해야 한다는 것이다.

나아지게 하는 '개선'을 넘어
새로운 변화를 위한 '개혁'으로

그렇다면 사업의 구조를 효과적으로 변화시키기 위해서는 어떻게 해야 할까? 기업이 성장세에 있을 때에는 어제보다 오늘, 오늘보다 내일을 더 나아지게 만드는 '개선' 전략이 더 효과가 있다. 이런 개선 전략은 보텀업Bottom-up 방식(아래에서 위로 의견을 올려 조직 전체를 움직이는 상향식 의사결정)으로, 품질 관리처럼 현장에서 문제가 생기면 하나하나 처리해나가는 활동을 말한다. 이 방식을 잘 활용하면 현장의 생산성을 날마다 조금씩 개선할 수 있어서, 고정비용의 구조를 바꾸고 결과적으로 수익성을 높일 수 있다.

하지만 외부 환경이 급격하게 변화하는 지금의 경영 구조에서는 이렇게 긴 시간 동안 '현장에서의 결과'가 쌓일 때까지 기다리기보다는 '지금 당장 어떤 결단을 내릴 것인가' '어느 회사와 제휴해 수익을 끌어올릴 것인가' '어느 부분을 분할하여 주력 사업에 접목시킬까' 하는 리더의 과감한 판단과 개혁이 필요하다.

즉, 어제의 연장선상에서 오늘을 고쳐나가는 '개선'이 아니라, 어제까지의 방식을 완전히 바꾸어 새로운 방향으로 나아가는 '개혁'을 단행해야 한다는 것이다. 다만 이런 개혁에는 언제나 강한 스트레스가 뒤따른다. 사람으로 비유하면 다이어트를 위해 매일 섭취하는 식사량을 70퍼센트로 줄이는 것은 비교적 어렵지 않으나, 매일 아침 5시에 일어나 30분간 달리기를 하겠다는 결심에는 상당한 부담이 따르는 것처럼 말이다. 또 설사 굳게 결심했다고 하더라도 초기 단계에는 잠을 이기지 못하거나 면역력이 떨어져서 감기에 걸리는 등 결심을 방해하는 장애물이 등장하기 마련이다. 그렇기 때문에 엄청나게 강력한 의지가 없는 한 새로운 습관을 만들어 완전히 익히기가 쉽지 않다.

다시 이야기를 경영으로 돌리면, 개혁은 경영진의 강력한 의지가 필요하다는 점을 강조하고 싶다. 다만 지금의 대기업 구조는 경영진이 모든 판단을 내리고 그 판단에 의해 움직이는 톱다운Top-down 구조(경영진이 전략과 목표를 수립하고, 강력한 리더십으로 하부에 실행하도록 지시를 내리는 경영 방식)가 아니기 때문에, 하나하나의 조직을 책임지고 담당하는 '중간관리자급 리더'가 변화를 결심하고 이끌어나가야 한다.

머리에서 "달려라"라고 지령을 내려도, 발이 무거우면 앞으로 나아갈 수 없다. 마찬가지로 오늘 당장 구조를 개편하고 방식을 바꾸라고 지시를 내려도 조직원들은 한 번에 변화하지 않을 것이다. 일단 듣는 척은 하지만 최대한 천천히 실행할 것이고, 최악의 경우는 '실행한 척' 속이기도 할 것이다. 조직이 오래되고 거대할수록 원래의 방향으로 돌아가려는 관성도 크기 때문에 대기업일수록 이러한 개혁을 이루어내기가 쉽지 않다.

변화를 이끄는
중간관리자의 역할

경영진의 입장에서는 기업이 커지면 이전처럼 상황을 모두 살펴보고 관리하기가 어려워진다. 주력 사업이나 핵심 지역에 관한 내용은 상세히 파악하고 있지만, 수익이 적은 사업부나 지역은 아무래도 세세하게 눈길이 미치기가 어렵다. 그래서 "내가 직접 신경 쓰고 관리하는 분야는 전체의 40~50퍼센트 정도뿐입니다"라고 말하는 경영자도 많다.

이렇게 전체 정보를 정확히 알지 못하더라도 경영자는 중요한 순간에 결정을 내려야 한다. 그럴 때 판단의 근거를 제공하는 것이 바로 중간관리자급 리더다. 중간관리자들은 현장도 직접 살펴볼 수 있고, 경영진과도 직접 연결이 되어 있다. 즉, 현장에서 올라오는 하부의 1차 정보와 경영진으로부터 내려오는 상부의 1차 정보도 모두 얻을 수 있는 위치에 있다. 이 정보를 잘 파악하고 정리해 올바른 결단을 내릴 수 있는 건 중간관리자급 리더뿐이다.

나는 이 책에서 어중간한 사업을 과감히 정리하고, 개혁의 길로 나아가기 위해 중간관리자급 리더들이 앞장서야 한다는 점을 강조하고 싶다. 흑자와 적자를 오가는 어중간한 사업은 만성적인 질병에 걸렸다는 사실을 알아챘어도 당장 생명을 위협할 만큼 치명적이진 않아서, 경영진들이 위기의식을 느끼고 변화를 이끌어가기가 쉽지 않다. 이런 문제들이 쌓여 무너지는 기업들을 바라보면서, 나는 답답함을 느끼는 동시에 중간관리자가 제 몫을 해준다면 반드시 기업이 회생할 수 있음을 목격했다. 실제로 일본 내 수많은 기업들은 '조화'와 '안정'을 중시하는 문화가 만연해 있어서, 눈에 띄게 실적이 나쁜 사업이 아니라면 경영진도 굳이 제동을 걸거나 개혁을 단행하지 않았다. 하지만 그중에서도 몇몇 개혁형 리더들은 안정을 무너뜨리는 용기와 결단력으로 조직의 미래를 바꾸어나갔다. 이 책에서는 바로 그러한 리더들의 사례를 살펴봄으로써 중간관리자가 조직 내에서 어떻게 행동하고 판단해야 할지를 소개했다.

누가 변화를
주도할 것인가

전통적인 대기업에서의 승진 구조를 보면, 보통 엘리트 코스를 밟은 사람은 회사의 주력 부문에 배치되거나 수익이 가장 높은 지역을 담당하게 되고, 경력에 흠이 남지 않도록 회사의 관리하에 정성껏 키워진다. 그러나 이제 안전지대에서 성장한 '고상하고 예쁜' 사람이 조직의 리더로 적합한 시대는 완전히 끝났다. '개혁'을 지향하는 리더는 '모범생'으로만 남아서는 안 된다는 말이다.

중간관리자의 위치에 있을 때 얼마나 배포가 큰 판단을 많이 해왔는지, 조직의 권력에 의존하지 않고서도 반대 세력과 저항 세력을 얼마나 원만하게 움직여왔는지, 즉 얼마나 혹독한 경험을 쌓아왔는지가 앞으로의 리더에게 요구되는 능력이다.

그래서 이 책에는 미래의 리더로 성장할 중간관리자들에게 '브라이트사이드 스킬'뿐만 아니라, 평소에는 주목받지 못했지만 개혁을 끝까지 해내기 위해 반드시 필요한 '다크사이드 스킬'을 정리해 소개했다.

여기에서 말하는 브라이트사이드 스킬이란 논리적 사고력, 재무나 회계, 영업이나 마케팅 기술 등 이른바 MBA에서 가르치는 기초적 지식을 뜻한다. 반면 다크사이드 스킬이란 사람과 조직에 영향을 끼치는 능력, 분위기를 지배해 변화를 주도하는 능력, 사람을 올바르게 판단하고 냉정하게 결정을 내리는 능력을 뜻한다. MBA를 거친 사람들이라면 누구나 실전 비즈니스에서 브라이트사이드 스킬만으로 조직을 운영하고 개혁을 실행할 수 없을 거란 사실을 잘 알고 있을 것이다.

경력이 화려한 모범생 리더는 때때로 쓰라린 고통이 따르는 개혁을 결정하고 실행할 수 없다. 낡은 것을 버리고 새로운 것으로 바꾸려고 할 때 예상치 못한 문제가 발생한다든가 반대의 움직임이 나타나는 것은 당연하다. 그런 어려움을 뛰어넘기 위해서는 다크사이드 스킬, 즉 조직을 지배하는 카리스마가 필요하다. 치열한 격투를 벌이기 위해서는 빛이 들지 않는 진흙탕에서의 싸움 스킬이 필요한 것이다.

이는 두뇌 회전이 빠르다거나 숫자에 강하며 설명을 논리정연하게 잘한다는, 누구나 알 만한 눈에 띄는 능력이 아니다. 그늘 뒤에 감추어져 진짜 위기 상황에 빛을 발하는 능력이다. 그래서 나는 이

브라이트사이드 스킬

- ☑ 논리적 사고력
- ☑ 재무 및 회계 지식
- ☑ 프레젠테이션 능력
- ☑ 자료 작성 능력

Brightside skill   Darkside skill

- ☑ 사람과 조직에 영향을 끼치고 움직이는 능력
- ☑ 분위기를 지배하는 능력
- ☑ 사람을 올바르게 판단하는 능력
- ☑ 냉정하게 결정을 내리는 능력

다크사이드 스킬

러한 능력을 '다크사이드 스킬'이라고 이름 붙였다.

브라이트사이드와 다크사이드를 달리 표현하면 '태양'과 '달'이고, '빛'과 '어둠'이며, '겉'과 '속'이고 '평상시'와 '유사시'다. 둘 중 어느 한쪽만 부족해도 진정한 리더가 될 수 없다.

엘리트의 길을 걸어온 리더 중에는 겉으로 드러난 브라이트사이드 스킬이 뛰어난 사람은 많지만, 정작 사람의 마음을 장악하고 과감히 조직을 움직이는 다크사이드 스킬을 갖추지 못한 사람이 많다. 변화를 강하게 요구받는 지금의 경영 환경 속에서, 살 길을 모색하고 더 나은 미래를 준비하고 싶은 리더라면 이 책을 통해 다크사이드 스킬을 자기 것으로 만들어야 한다.

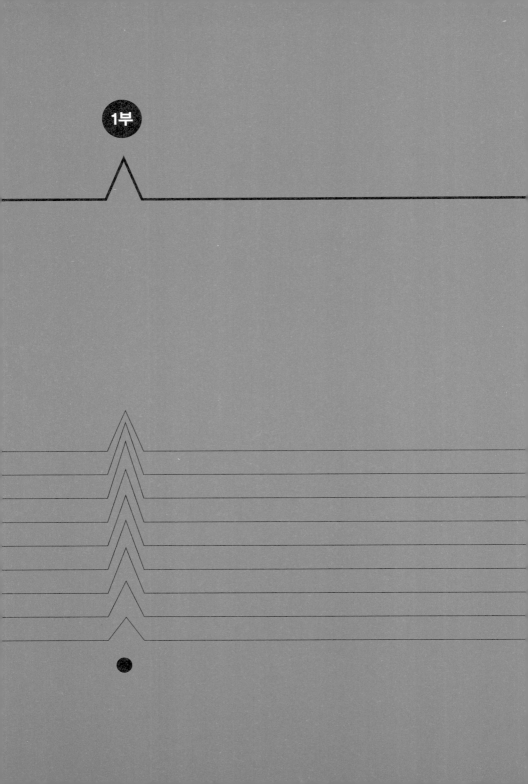

1부

흔들리지 않는 리더를 만드는
7가지 다크사이드 스킬

모든 경영자들이 기업의 성장을 위해 애쓰지만, 모두가 그 꿈을 이루는 것은 아니다. 끊임없이 외부 환경이 변화하고 기술 혁신이 일어나는 변화무쌍한 비즈니스 세계에서 살아남는 기업은 극소수에 불과하다. 왜 어떤 기업은 살아남고, 어떤 기업은 사라지는가? 그 차이는 바로 발 빠르게 조직의 변화를 주도하고 뚝심 있게 밀고 나가는 중간관리자급 리더에게 달려 있다.

1부에서는 리더가 조직원들을 설득하고 움직이며, 안주하려는 관성에 이끌리는 조직에 변화의 바람을 불러일으킬 비밀스러운 기술, '7가지 다크사이드 스킬'을 소개한다.

1장 위기를 숨기지 마라

리더가 솔직하지 못하면

조직이 대가를 치른다

　　프롤로그에서 설명했듯이 경영진이 직접 나서 모든 사업 부문을 세세하게 이해하고 관리할 수는 없다. 뒤의 그림처럼 A, B, C, D라는 사업부가 있고 각 사업부가 관리하는 지역을 국내, 북미, 유럽, 아시아로 나눈다면, 경영진은 주력 사업인 A부서나 주력 지역인 국내에 관해서는 실적과 내용을 자세하게 인식하고 있기 때문에 스스로 사업적 판단을 내릴 수 있다. 하지만 규모가 작거나 주력 사업이 아닌 부문 및 지역까지는 아무래도 세세하게 눈길이 미치기 어려운 게 현실이다.

　　이렇게 직접 챙길 수 없는 사업에 대해 경영진이 올바른 판단을 내리기 위해서는 중간관리자의 적확한 정보 전달이 필수적이다. 하지만 실제 경영 현장에서는 그렇지 못한 경우가 대부분이다.

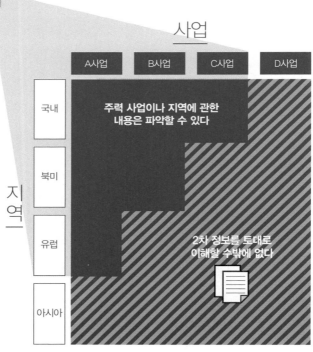

사업

| | A사업 | B사업 | C사업 | D사업 |

국내	주력 사업이나 지역에 관한 내용은 파악할 수 있다
북미	
유럽	
아시아	

지역

2차 정보를 토대로 이해할 수밖에 없다

조직을 마비시키는

무책임한 낙관주의자들

기업에서는 매년 4/4분기에 다음 해의 예산을 책정하는 회의가 열린다. 이때가 되면 목표치를 달성하지 못한 사업부문의 부장들은 아무런 대책이나 근거도 없이 "다음 해에는 꼭 더 높은 실적을 올릴 수 있습니다. 단위가 꽤 큰 수주를 받을 가능성이 높습니다"라며 큰소리를 치곤 한다. 이번 해에는 적자를 봤지만, 내년에는 기필코 좋은 기회를 잡아 목표를 달성하겠다는 계획이다. 매 분기 말만 되면 심심치 않게 볼 수 있는 이 '근거 없는 자신감'에 경영진들은 의심이 들기는 하지만 '그래도 실무를 담당하는 사람만 알 수 있는 치밀한 분석과 논리가 있겠거니' 하는 마음으로 믿어주게 된다. 그 결과 아무도 반대 목소리를 내지 않은 채 예산안이 승인되곤 한다.

물론 경험이 풍부한 우리들은 잘 알고 있다. 그의 말이 예산을 따내기 위한 백지 수표에 가까워서 실현 가능성이 무척 낮다는 사실을 말이다. 그렇게 새해가 되면 부서장들 사이에 '언제 목표 달성이 어렵다는 사실을 경영진들에게 자백할 것인가' 하는 치킨 게임(어느 한쪽이 양보하지 않을 경우 양쪽이 모두 파국으로 치닫게 되는 극단적인 게임이론)이 시작된다. 그나마 이 중에서도 겁이 많은 부서장들은 얼마 못 가

"올해 역시 목표 매출 달성이 어렵습니다"라고 솔직하게 고백한다. 반대로 비교적 대담한 부서장들은 끝까지 위기를 숨기거나, 다음 분기의 목표 매출을 높이는 방식으로 도망치곤 한다. "걱정 없습니다. 4/4분기에는 계획대로 매출을 올려 막판 뒤집기에 성공하겠습니다"라며 일단 급한 불을 끄고 보는 것이다. 그러나 원래도 승산이 없었는데 아무리 최선을 다한다고 한들 목표를 달성할 리가 만무하다. 이런 현상 역시 매해 반복되는 조직의 고질병이다.

생산적 소통을 가로막는
상호 불가침 조약

조직 내에서 이런 확신범 같은 행동이 매번 되풀이되는 이유는 무엇일까? 바로 각 부서별로 다른 사업 부문에 간섭하지 않는다는 암묵적인 '상호 불가침 조약'이 존재하기 때문이다.

앞서 말한 예산 회의를 예로 들어보자. 각 부서장들이 테이블을 둘러싸고 앉아 있다. 무능한 사업부의 부서장은 이번에도 "다음 분기에는 걱정하지 않으셔도 됩니다"라는 근거 없는 말을 되풀이한다. 다른 사업부 부서장들은 모두 머릿속으로 '저 사람 또 터무니없는 말을 하고 있군'이라고 생각하지만, 절대로 그 의견에 토를 달거나 반박하지 않는다. 다른 사업부의 일을 꼬투리 잡고 나면 혹시라도 자신이 담당하는 사업의 실적이 나빠졌을 때 똑같은 보복을 당할 가능성이 높기 때문이다. 대부분 남의 일에까지 굳이 신경을 쓰지 않으며, 자신의 일이나 잘 처리해 위기를 모면하면 된다고 생각한다.

세계적인 자동차 제조회사인 닛산자동차에 카를로스 곤Carlos Ghosn 전 사장이 COO로 처음 취임했을 무렵, 조직 내에서는 'U자형 커뮤니케이션'이 만연해 있었다고 한다. 요컨대 부장들끼리 참가하는 회의에서는 서로에게 직접적으로 "그렇게 일을 처리해버리면 회사에 막대한 손해를 입히게 될 겁니다"라고 말하지 않지만, 정작 회의에서 돌아온 뒤 자신의 부하 직원들에게는 "그 사람은 늘 변명만 늘어놓는다니까"라는 식으로 뒷말을 하는 경우가 많았다. 부장의 이야기가 부서 전체에 퍼지면 직원들은 다른 부서에 근무하는 동기들에게 "우리 부장이 이런 말을 하던데?"라며 알음알음 말을 옮긴다. 이를 들은 직원이 다시 자신의 상사에게 말을 전하는, 이러한 소통 방식을 'U자형 커뮤니케이션'이라고 한다. 상호 불가침 조약이 만연해 있는 조직에서 발생하는 현상으로, 이는 조직의 생산적인 소통을 저해하는 가장 큰 요인이 된다.

물론 서로 간에 간섭하지 않는 문화를 무조건적으로 비난할 수는 없다. 현실적으로 내가 어떤 주력 사업 부문의 부서장이라면 나의 가장 중요한 책임은 그 사업을 장기적인 관점에서 성장시키는 것이 며, 나아가 부하 직원들과 그 가족의 생활을 지키는 것이다. 그렇기 때문에 기업이 처한 위기나 다른 부서의 옳지 못한 행태를 알기는 하지만, 일단 내가 담당하는 사업을 어떻게 끌고 갈 것인가에 온 신경을 집중할 수밖에 없는 것이다. 그러나 기업이 장기적으로 성장하기 위해서는 조직을 책임지는 리더들의 이러한 사고방식을 바꿔야 한다.

겉으로는 당당하게,
뒤로는 은밀하게 조직을 움직여라

조직이 한계에 이를 때까지 자존심을 내세우면서 버틸 것인가, 아니면 달성 가능한 목표를 재설정하고 추후에 초과 달성할 수 있도록 노력할 것인가? 어떤 선택을 하든 사업을 담당하는 부서장이 확실한 정보를 통해 냉철하게 판단하지 않으면 조직이 처한 위기를 극복해낼 수 없다.

경영진은 사업 전체의 40~50퍼센트 정도만 이해하고 살펴볼 수 있는 상황에서 최종적인 의사결정을 내려야 하기 때문에 사실상 부서장, 즉 중간관리자급의 리더가 제시하는 정보에 의존할 수밖에 없다. 따라서 중간관리자가 어떠한 신념을 갖고 정보를 제공하느냐에 따라 기업 전체의 흐름과 방향이 바뀌기도 한다.

이를 뒤집어 생각해보면 중간관리자가 자신의 신념대로 조직을 움직이고 싶다면 의도적으로 자신이 원하는 정보를 경영진에게 제시하면 된다는 뜻이기도 하다. 결정은 경영진이 내리지만 판단의 재료를 제공하는 건 어디까지나 중간관리자이기 때문이다. 경영진과 중간관리자가 가진 정보에는 분명한 차이가 있다. 이런 정보의 비대칭성을 적절하게 사용한다면, 상사를 뜻대로 움직이는 일도 불가능한 게 아니다.

무엇보다도 중간관리자가 장기적인 안목으로 올바른 판단을 하고 이를 경영진에게 솔직하게 보고해야 하는 이유는 따로 있다. 사장이나 이사 등의 경영진들은 기껏해야 5년, 길어야 10년이면 회사를 떠나지만 중간관리자의 경우는 20년 이상 회사에서 근무하며 책임을 다해야 하기 때문이다.

경영진이 참석해서 회사의 장기 경영 방침을 논의하는 프로젝트를 보면 대개 논의가 흐지부지 끝나버리곤 한다. 10년 후까지 회사에 남아 있지 않을 경영진들은 아무래도 장기적 프로젝트에 깊숙이 관계된 논의를 적극적으로 펼치기가 어렵기 때문이다. 물론 오너 기업은 자신이 진행하던 프로젝트가 그대로 직계 가족(자녀)에게 이어지기 때문에 부담을 남기지 않기 위해서라도 전략을 비교적 진지하게 생각한다. 하지만 전문경영인이 운영하는 기업에서는 장기 프로젝트를 진행하기가 쉽지 않다. 따라서 앞으로 10~20년 동안 그 기업에서 일할 중간관리자마저 현재 자신에게 닥친 일에만 정신이 팔려 장기적인 전망을 갖추지 않으면 회사는 결국 위기에 놓이고 말 것이다.

실적이 나쁜 상황에서 아무리 급한 사안들을 열심히 처리해도 근본적인 문제 해결을 뒤로 미루다 보면 언젠가는 호미로 막을 일을 가래로도 막기 어려워질 것이다. 그때의 피해는 고스란히 남아 있는 사람들의 몫이 된다. 지금의 경영진들은 이미 회사를 떠나고 없겠지만, 실무자들은 피할 수 없는 문제다. 장기적으로 봤을 때 하루라도 빨리 문제를 속 시원히 털어놓고 해결해서 이익을 볼 사람은 바로 중간관리자다.

따라서 목숨을 걸면서까지 감정적으로 버틸 것이 아니라 냉정한 시선으로 상황을 바라보고, 적절한 타이밍에 "이 목표치까지는 힘들겠습니다"라고 보고할 수 있어야 한다. 다만 모두가 참석하는 실적 보고 회의 같은 장소에서는 그런 말을 해서는 안 된다. "나약한 소리하지 말고 최선을 다해보세요"라는 질책만 받게 될 것이다. 이때 다크사이드 스킬을 지닌 리더는 경영진에게 조용히 찾아가 상황을 정확히 설명하고 해결책을 논의한다. "이대로는 힘들겠습니다. 아무리 노력해도 틀림없이 곧 문제가 발생할 것입니다. 하루빨리 손을 써야 합니다"라고 말하는 것이다.

　중간관리자에게 필요한 능력은 겉으로는 자신감을 유지하되 뒤로는 은밀하게 조직을 움직여 미래를 대비하고 교섭을 조율하는 능력이다. 성과를 내지 못하고 있는데 억지로 그것을 숨기려 한다면 더 큰 문제가 발생한다. 한계에 다다를 때까지 숨기고 있다가 결국 무너진 사람들을 보면, 더 이상 높은 자리에까지 올라가지 못하고 승진의 길도 끊어져버렸다. 반대로 설사 자신에게 불리한 정보라도 솔직하게 있는 그대로 어려움을 밝힌 사람들은 멀리 돌아가는 한이 있더라도 결과적으로 자신의 신념을 지켜냈고, 높은 자리에까지 올라갔다.

　진정한 조직의 리더라면 현실을 냉정하게 파악한 후 뻔히 보이는 미래를 경영진에게 솔직하게 알리는 태도를 갖춰야 한다. "올해 목표는 그런대로 괜찮으나, 이대로 가면 2~3년 후에는 힘들어질 게 분명합니다. 지금 손을 쓰는 게 현명하다고 판단됩니다"라고 꾸밈없이 말할 수 있어야 한다. 이것은 나약한 태도도, 현실을 피하는 태도도 아니다. 사업의 흐름을 명확하게 읽고 멀리 내다봤을 때 어떻게 살아남을지, 어떻게 승리를 거둘 것인지 냉정하게 판단할 수 있는 강인한 자세다.

10년 후를 내다보는 안목으로

칼을 휘둘러라

당장이라도 파산할 위기에 처한 기업에서 경영진을 움직여 개혁에 성공한 어느 경영기획부장이 있다. 당시에 경영진은 가능하면 구조조정을 하고 싶지 않다는 입장이었다. 그래서 어떻게 하면 정리해고 없이 지금의 이 위기를 넘어갈 수 있을지 그 방법을 모색하고 있었다. 그때 경영기획부장이 직접 계획서를 작성해 사장을 찾아가 "이대로 가면 회사는 무너질 수밖에 없습니다"라고 직언을 던졌다. 회사가 살아남기 위해 현실적으로 취할 수 있는 플랜을 제시하고, 그중 우선순위를 정해 순서대로 처리해야 한다고 설득했던 것이다.

회사에는 경영기획부장 말고도 부장급 관리직이 꽤 많았지만, 모두 자신의 소속 부서만을 중심으로 상황을 파악하고 있다 보니 회사에 아무런 문제가 없다고만 주장했다. CFO(최고재무책임자)마저도 최후의 순간에는 은행에 찾아가 매달리면 어떻게든 회생시킬 가능성이 있을 거라며 근거 없는 장밋빛 희망만 제시했다.

이렇게 다른 중간관리자들이 모두 자신의 문제만을 해결하느라 급급할 때, 경영기획부장 혼자 정확한 판단을 내리고 사장의 이해 아래 대담하게 회사를 바꿔나갔다. 이렇게 어떤 조직이든 유능한 인재는 반드시 존재한다. 다만 용기가 있는 사람이 적을 뿐이다.

사업이 순항할 때 구태여 구조조정을 감행한 기업도 있다. 그 기업은 여러 개의 사업을 운영하고 있었는데, 그중 가장 안정적으로 수익을 올리고 있는 조직의 부서장이 나에게 상담을 요청해왔다. 그러고는 "지금은 실적이 좋아 보이지만 자세히 뜯어보면 이 사업에는 미래가 없습니다. 언젠가는 기업 전체에 마이너스가 될 것이 분명하니, 지금 손을 쓰고 싶습니다"라고 말했다. 그래서 그는 다른 회사와의 제휴 관계를 포함해 자신의 사업을 대대적으로 정리해나갔다. 실적이 나빠져 회사에 피해를 끼치기 전에 좋은 의미에서의 구조조정을 단행한 것이었다.

경영진의 입장에서는 가장 이익이 되는 큰 사업에 손을 대야겠다는 발상을 선뜻 떠올리기가 쉽지 않다. 하지만 중간관리자라면 현재 사업의 수익성보다는 앞으로의 발전 가능성을 파악해야 한다. 사장보다도 사업을 더 구체적이고 정확하게 이해하고 있을 중간관리자가 "이대로 가면 5년 후에는 힘든 상황이 옵니다. 금전적 여유가 있을 때 미리 손을 쓰시지요"라고 진지하게 상담을 해오면, 경영진으로서는 개혁을 주저할 이유가 없다.

이 사업부는 상당히 이른 단계에서 사업 구조를 근본적으로 개혁한 덕분에 위기를 피할 수 있었고, 결과적으로는 조직원들까지도 지켜낼 수 있었다. 그리고 그 부서장은 임원으로 승진하여 회사에 남았다. 한창 사업이 성장세를 보일 때 방향을 바꾸는 일은 결코 쉽지 않다. 더구나 그 사업을 운영하는 부서장 당사자가 그런 제안을 했다는 점이 더욱 대단하다. 이 일화는 나에게 매우 인상적인 사례로 남아 있다.

가시밭길을 걸어온 사람이
좋은 리더가 된다

조직의 리더들이 끝까지 자신감을 무너뜨리지 못하고 위기를 숨기기에 급급한 이유는 자신이 소속된 부서의 실적과 개인의 평가가 연결되기 때문이다. 물론 실적을 올린 리더는 당연히 좋은 평가를 받아 승진해야 한다. 여기에 더해 최선을 다해 열심히 노력한 사람도 좋은 평가를 받을 만한 가치가 있는데, 안타깝게도 지금의 조직 문화 속에서는 '결과를 내지 못했다'는 이유로 무시당하기 일쑤다. 이런 평가 구조 때문에 리더들이 마지막까지 해낼 수 있다는 '미련'을 버리지 못하는 것이다.

하지만 지금처럼 미래가 불확실한 격동의 시대에는 '꽃길'만 걸어온 엘리트, 즉 브라이트사이드 스킬만을 가진 리더보다는 히타치 그룹을 재건시킨 가와무라 다카시川村隆(사상 최대의 적자에서 역대 최대

이익을 창출한 히타치그룹의 전 회장으로, "자기 조직을 지키려는 보수적인 사람이 많아지면 그 회사는 망한다"라는 명언을 남겼다) 회장처럼 어려운 상황에서 조직을 개혁하고 회사의 경영을 재건한 경험(다크사이드 스킬)이 있는 사람이 좋은 리더가 될 가능성이 높다.

일반적인 기업에서의 인사 평가 제도는 대부분 '감점주의'로, 실패를 하면 마이너스 평가를 받기 때문에 리더들은 어떻게든 실패를 하지 않기 위해 지뢰를 피하듯 리스크를 회피하는 문화가 만연해 있다. 그래서 자신의 경력에 흠집이 날 가능성이 낮은, 즉 안정적이고 보장된 길만 걷는 쪽이 현명하다고 판단한다. 하지만 겉보기에 이상적인 이력만 가진 사람은 정작 위기에 닥쳤을 때 헤어 나오는 법을 찾아낼 수 없다. 조직이 위기에 강한 리더를 기르기 위해서는 감점주의식 평가 제도를 개편하고, 누가 과감히 바닥을 친 조직을 맡아 성장을 이뤄냈는지를 판단해야 할 것이다.

2장

눈치 보지 않는 직원을 뽑아라

다른 말을 할 줄 아는 사람이
필요하다

회사에서 보고서를 작성하면 최종적으로 사장의 결재를 받을 때까지 몇 개의 도장이 찍히는가? 아마도 대기업이라면 팀장부터 시작해 부장과 이사의 순으로 도장 찍는 칸이 죽 늘어서 있을 것이다. 여기에 더해 어느 부서장의 도장을 받기 전에는 그 부서의 직원들에게도 내용을 설명해두어야 추후에 "나는 그런 얘기 못 들었는데?"라며 시치미 떼는 사람이 나오지 않을 수 있다. 실제로 도장을 찍는 사람 외에 다른 사람들에게도 의견을 구하고 동의를 얻는 것, 이른바 '눈에 보이지 않는 도장'까지 신경 써야 한다는 뜻이다. 그리고 이런 과정은 담당자에게 다른 팀과 적극적으로 교류할 수 있는 기회를 가져다준다.

눈에 보이지 않는 도장

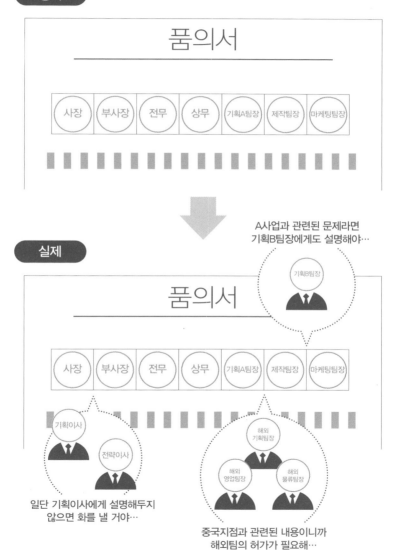

형식

품의서

| 사장 | 부사장 | 전무 | 상무 | 기획A팀장 | 제작팀장 | 마케팅팀장 |

실제

A사업과 관련된 문제라면
기획B팀장에게도 설명해야…

기획B팀장

품의서

| 사장 | 부사장 | 전무 | 상무 | 기획A팀장 | 제작팀장 | 마케팅팀장 |

기획이사

전략이사

일단 기획이사에게 설명해두지
않으면 화를 낼 거야…

해외
기획팀장

해외
영업팀장

해외
물류팀장

중국지점과 관련된 내용이니까
해외팀의 허가가 필요해…

서로 간의 호흡이 불러오는 악영향,

조직의 동질화

늘 같은 얼굴을 상대하다 보면 자신도 모르게 점차 업무 방식도 닮아가기 마련이다. 시간이 지나면서 저절로 호흡이 맞춰져 굳이 말을 하지 않아도 서로를 이해할 수 있으니 모든 과정을 일일이 설명할 필요가 없어진다.

과장 아래에 세 명의 팀원이 있고, 이 세 명이 과장에게 중요한 안건을 결재받아야 한다고 가정해보자. 아침에 출근을 했을 때 과장의 기분이 나빠 보인다면, 굳이 서로 말을 하지 않아도 눈빛 교환만으로도 '오늘은 이야기하지 말고 피하자'라는 생각이 공유된다. 줄곧 같은 사람들과 일을 하다 보니 마음을 헤아릴 수 있게 된 것이다. 즉, 조직원들 사이에 동질화가 일어난 셈이다.

물론 호흡이 맞는 사람들 사이에서 나타나는 장점도 있지만, 외부에 있는 사람이나 반대 의견을 배제하게 되는 단점도 나타날 수밖에 없다. 매달 열리는 임원 회의에 새로운 경영진이 참석했다고 하자. 의욕적으로 모든 안건에 대해 관심을 보이는 새 경영진은 어느 틈에 동떨어진 상황에 놓이게 된다. 그는 건설적이고 의미 있는 발언을 할 때도 있지만 간혹 틀에서 벗어난 질문을 던지거나 핵심을 빗겨나간 의견을 늘어놓을 때도 많아서 자주 분위기를 흐트러뜨린다. 이런 일이 몇 번 반복되면 얼마 지나지 않아 조직 내의 '자정 작용'이 일어나, 그는 지방으로 좌천되거나 해외로 발령이 나서 모습을 감추게 된다. 호흡이 맞지 않아 밀려나는 것이다.

함께 일하는 사람들과 호흡이 맞으면 소통에 드는 시간과 노력이 줄어든다. 그러나 어떤 문제에 대한 견해까지 동질화되어버리기 때문에 새로운 발상이 나오기 어렵고, 토론 주제에 대한 의견까지도 비슷해진다. 모두가 마음속으로는 '확실히 문제가 있어'라고 생각을 해도, '이런 말을 해서 분위기를 깨면 안 되지'라는 암묵적인 규칙이 깔려 있기 때문에 의견을 자유롭게 이야기할 수 없다. 부서와 부서 사이에 상호 불가침 조약이 생기는 것도 이 때문이다.

한번은 하버드비즈니스스쿨에서 이런 이상한 조직의 분위기에 관해 명쾌한 해설을 들은 적이 있었다. 우선 세 사람의 사고방식을 세 개의 원으로 표시한다. 동질화된 조직에서는 구성원의 사고방식이 일치하기 때문에 세 개의 원 역시 겹쳐지는 모습이 나타나는데, 이렇게 되면 소통은 빠르고 편하지만 사고의 범위가 좁아져 창의적이고 신선한 아이디어를 얻기가 어렵다. 한편 다양화된 조직에서는 세 개의 원(세 사람의 사고방식)이 서로 떨어져 있으며 좁은 범위만이 교집합으로써 겹친다. 즉, 세 사람이 모두 납득하는 결론은 세 개의 원이 교차되는 지점뿐이다. 더구나 교차된 부분은 나머지 부분보다 훨씬 작기 때문에 서로 어떤 생각을 하고 있는지 수없는 대화를 통해 찾아내야 한다. 호흡이 맞지 않으니 소통에 드는 수고도, 상사가 직원들을 다루는 노력도 더 많이 필요하다. 즉, 여러모로 귀찮아지는 셈이다.

그렇다면 진정한 다양화를 이룬 조직은 어떠할까? 각자 자유로운 사고를 하기 때문에 원이 넓게 분포되어 있지만, 그러면서도 서로에 대한 이해와 존중이 바탕에 깔려 있어 소통에는 어려움이 없다. 따라서 다양한 의견을 활발하게 소통하면서 창의적인 결론을 얻어낼 수 있는 조직으로 발전할 수 있다.

최근 많은 기업에서 다양성을 추구하고 있지만, 다양성에 대한 이해가 부족한 경우 위와 같은 성가신 상황에 빠질 수밖에 없다. 회사에 외국인 사원이 새로 입사했다고 하자. 부장이 그에게 무언가 지시를 내릴 때마다 "Why?"라고 물어보면 부장은 일일이 답변을 해주어야 할 것이다. 대학을 갓 졸업한 신입사원이라면 "그냥 시키는 대로 해!"라고 말해버릴 수도 있겠지만, 상대가 외국인일 경우 질문에 답을 해주지 않으면 일이 진행되지 않을 테니 부장의 입장에서는 무척 성가신 존재일 것이다.

굳이 설명하지 않아도 이해할 정도로 호흡을 맞추며 일해온 사람에게는 일일이 설명하는 것 자체가 시간 낭비일 테니 자연스럽게 조직이 하나의 방향으로만 움직이게 된다. 하지만 원이 완전히 겹쳐진 동질화된 조직에서는 다양한 의견이 나오기가 어렵다. 이때는

동질화와 다양화

동질화된 조직

다양화된 조직

다양성을 시도한다

돌아가고 싶어진다

소통하기에는 편하지만
사고의 범위가 좁다

사고의 범위는 넓지만 겹치는 부분이 좁아
의견을 하나로 모으기 어렵다

다양화 추구

진정한 다양화를 이룬 조직

서로의 의견을 인정하고 존중해줌으로써
다양한 사고 속에서 창의성 있는 결론을 낼 수 있다

잠깐의 비효율성을 감당해야만 세 개의 원이 합쳐진 공간에서 벗어나 더 넓은 범위의 사고를 할 수 있다.

혁신은 세 개의 원이 완전히 겹쳐진 동질성의 세계에서 이루어지지 않는다. 모두가 동의하는 의견을 정리해서 내놓는 발상은 무난하고 평범하다. 참신한 아이디어는 서로의 생각이 겹쳐져 있지 않은 주변부에서 나타난다. 그리고 조직이란 가만히 내버려두면 서로 싫은 소리를 하지 않으려는 편안함의 세계, 즉 동질성의 세계로 돌아간다는 관성이 작용한다. 따라서 리더는 조직 내 다른 의견을 수용하고 인정하는 마음을 갖고, 다양성을 유지하기 위해 끊임없이 노력해야 한다.

시키는 대로 일하는 사람이
제일 위험하다

현장을 지휘하는 조직의 리더는 자신이 속한 부서에 어느 정도까지 다양성을 갖추게 할 수 있을까? 다양성이란 단순히 다른 국적이나 인종의 사람을 뽑는 것이 아니다. 조직의 대다수를 차지하는 신입사원과 대리급 사원 중에 당당하게 다른 의견을 말할 수 있는 직원이 얼마나 되는가, 그리고 이렇게 분위기를 읽지 못하는 직원을 어디까지 수용하고 포용할 수 있는가 하는 문제다.

지금껏 기업 문화는 동질화를 미덕으로 여겼기 때문에 눈치 보지 않고 반대 의견을 당당히 말하는 사람이 중심 세력에서 밀려나거나, 상사에게 부담스러운 존재로 작용해 미움 받는 경향이 강했다. 하지만 조직을 더 발전적인 방향으로 이끌고자 하는 리더라면 자유로운 발언을 적극적으로 수용할 수 있는 그릇이 되어야 한다.

조직이란 지속적으로 동화되려는 압력이 가해지기 때문에 새로운 아이디어를 떠올리기보다 상사의 지시를 그대로 따르고, 내려오는 명령만 기다리는 직원들이 생겨나기 마련이다. 리더는 이런 사람들을 칭찬할 것이 아니라, 오히려 적극적으로 벌을 주거나 채찍질해야 한다. 눈치 보지 않는 직원을 우선시하고 인정해주려면 그 정도의 각오는 필요하다.

여기서 가장 중요한 것은 리더가 직접 답을 이야기하거나 방향을 수정해주지 않는 태도다. 리더 자신도 바쁘다 보니 질문을 받았을 땐 답을 이야기해주고 직접 후속 지시를 내리는 편이 훨씬 더 편할 것이다. 하지만 직원이 고민해보기도 전에 미리 답을 알려주면 그 직원은 발전할 기회를 잃게 된다.

게다가 리더가 먼저 의견을 내면 직원 입장에서는 아무래도 선입견이 생길 수밖에 없다. 눈치 보지 않고 자신의 생각을 솔직하게 말하게 하려면 "○○ 씨는 어떻게 생각해?"라는 식으로 계속 질문을 던져야 한다. 직무 경험이 더 많은 리더가 정답을 알고 있을 가능성이 높겠지만, 그래도 인내심을 갖고 기다려주어야 눈치 보지 않는 직원을 키울 수 있다. 그러면 직원들도 리더의 표정을 살피지 않고 자유롭게 다양한 의견을 제시할 수 있는 조직 문화가 만들어진다.

과감히 결재 라인을 생략하라

눈치 보지 않는 직원을 우선시하고 적절하게 활용한 사례로 앞서 언급한 닛산자동차의 카를로스 곤 전 사장을 들 수 있다. 1999년 닛산에 COO로 취임한 곤 사장은 각 부서 간의 담장을 없앤 다기능 팀 CFTCross-Functional Team를 만들어 조직 문화를 개선시켰다. 하지만 이 방법이 처음부터 성과를 낸 건 아니었다. 하나의 다기능 팀은 각 부서에서 차출한 여덟 명 정도의 인원으로 구성되어 있었는데, 그들은 각각 자기 부서의 이익을 대표한다는 의식이 강해 부서끼리의 비난이 난무했다.

그런 상황에서 곤 사장은 팀이 제 기능을 할 수 있도록 성과에 관련된 보고서를 담당 부서의 임원에게 제출하지 않고 경영진에게 직접 제출하게 만들었다. 담당 임원 역시 자기 부서의 이익을 우선시했기 때문에, 그 과정을 과감히 생략하고 경영진에게 직접 보고서를 제출하게 함으로써 비교적 자유롭게 의견을 낼 수 있는 체제를 만들었다.

또한 곤 사장 역시 본인의 역할에 충실했다. 주기적으로 구성원들을 모아 이 팀의 활동이 얼마나 중요한지 정성껏 설명했는데, 그중에는 감동을 받아 눈물 흘린 사람도 있었다고 한다. 경영진이 나서서 팀 구성원들의 마음을 하나로 모으고, 지속적으로 미래에 대해 약속해주는 것만큼 현장 직원들에게 용기를 불어넣는 일도 없을 것이다.

또 하나 이 팀에서 주목할 만한 점이 있다. 팀원 전원이 40대인 과장급이었다는 것이다. 20~30대는 아직 전체적인 상황을 두루 살피기에 경험이 부족하고, 50대의 부장급들은 여기저기 얽매이는 일이 많아 행동이 민첩하지 못하고 10~20년 후의 문제가 자신과 관련 없다고 여기기 때문에 진지하게 고민하지 않는다. 그런 의미에서 곤 사장은 발 빠르고 실행력 강한 팀을 만들기에 40대 구성원이 가장 적당한 나이라고 판단했다.

부서 안에서 발생하는 동질화 현상은 피할 수 없다. 그래서 곤 사장은 부서의 벽을 무너뜨리는 다기능 팀 체제를 도입했고, 회사 전체를 그런 식으로 개혁해나갔다.

2015년에 곤 사장은 이사회에 이질적인 분위기를 심어주고자 다양한 사외이사를 두기로 하고 기업 지배구조 지침을 정비했다. 본질적으로 성별이나 국적에 얽매이지 않고, 다양한 의견을 이야기할 수 있는 사람을 끌어들이는 데 목적이 있었다.

이렇듯 취임 이후 '곤 쇼크'라는 신조어를 만들 정도로 혁신적인 경영 재건 계획을 단행했던 곤 사장 덕분에 닛산자동차는 1990년대 말 파산 직전의 위기를 헤쳐 나올 수 있었다.

때로는 리더가 먼저
분위기를 깨야 한다

눈치 보지 않고 분위기를 깨는 직원을 부하로 두려면 때로는 리더 자신도 분위기에 맞지 않는 발언을 해야 할 때가 있다. 이는 어떤 관점에서 보면 어떻게든 자신의 의견을 강하게 밀어붙이겠다는 의지를 보여주는 행동이기도 하다. 예를 들어 모두가 경영진의 표정을 살피며 지시를 기다리고 있을 때, 중간관리자가 나서서 분위기를 깨주어야 한다. 경영진이 "오른쪽"이라고 말할 때 "네, 알겠습니다"라고 말하며 무조건 따르는 것이 아니라, "저는 왼쪽이라고 생각합니다"라고 의견을 자유롭게 밝힐 수 있어야 한다는 뜻이다.

물론 분위기를 읽지 못하는 발언을 할 때에도 적절한 때와 그렇지 않은 때가 있다. 어느 때이든 계속해서 눈치 보지 않는 의견만 반복해서 말하면 핵심을 파악하지 못하고 자기 주장만 내세우는 골칫덩이가 되어버리고 만다. 중요한 것은 말투와 타이밍이다. 경영진에게 해당 주제에 대한 의견을 미리 귀띔해놓으면, 회의장에서는 언뜻 분위기에 맞지 않는 발언을 한 것 같아 보여도 무시당하거나 거절당하지 않을 것이다.

또 평상시에 의견을 자유분방하게 피력함으로써 "저 사람은 원래 저런 말을 잘하니까 한번 들어나보자"라는 이미지를 심어두는 방법도 있다. 다크사이드 스킬을 사용해 당당하게 자신의 생각을 입 밖으로 꺼낼 수 있도록 미리미리 준비를 해두는 것이다.

3장

언제든 손발이 되어줄 아군을 포섭하라

조직도가 아닌

나만의 인맥 지도가 필요하다

　　사람은 일반적으로 마흔 살이 넘어가면 생각이 굳어지고 지식의 흡수력이 떨어지기 마련이다. 그래서 성격을 고치는 일도 쉽지가 않다. 젊은 시절에는 공부가 더 필요하면 대학원에 가기도 하고 새로운 분야에 도전해보는 등 자신의 능력을 얼마든지 계발할 수 있었지만, 점차 나이가 들수록 인생의 극적인 변화를 기대하기가 어려워진다.

　　이처럼 사람에게는 반드시 부족한 점이 있다는 것을 인정해야 한다. 아무리 최선을 다해도 전지전능한 신이 될 수 없기에, 내가 혼자서 모든 지식을 흡수해 직접 처리하겠다는 발상은 버려야 한다. 그래서 현실적으로 조직의 리더에게 필요한 기술이 '빌려 쓰기 전략'이다. 동료나 부하 직원이 가진 지식을 최대한 내 것으로 끌어오고 활용하여 다각화된 능력으로 무장해 승부를 거는 방식이다.

다행히도 기업에는 영업, 생산, 마케팅, 재무, 유통 등 다양한 기능을 수행하는 조직이 있다. 다양한 부서에서 다양한 인재들이 모여 운영되는 구조이니, 그 모든 일들을 혼자 처리해서도 안 되고 혼자 처리할 수도 없다. 소통도 마찬가지다. 상대방을 움직이기 위해서는 강력한 지시를 내려야 할 때도 있고 상대방에게 공감하는 태도를 보여야 할 때도 있다. 강한 바람으로 옷을 날려버릴 수 없을 때에는 따뜻한 햇빛을 쬐어 스스로 옷을 벗게 해야 한다는 뜻이다. 물론 여러 분야에 박식해서 어떤 역할이라도 혼자 소화할 수 있다면 바랄 나위가 없겠지만, 실제로 이 모든 일을 중간관리자나 리더가 혼자 처리할 수는 없다.

그래서 어떤 프로젝트를 진행할 때에는 각 분야에서 전문성이 있는 인재들을 모아 팀을 구성해야 한다. 여기저기에서 능력과 지식을 빌리려면 리더 스스로 발상을 전환해야 한다. 즉, 어떤 방식으로 다른 사람의 능력을 빌릴 것인가 고민해야 한다.

여기에 다크사이드 스킬이 숨겨져 있다. 상대가 누구인지 관계없이 능력을 빌리려면, 우선 '그의 능력을 인정하는 것'부터 시작해야 한다.

부하 직원일지라도 나에게는 없는 전문성을 갖추고 있다면, 그 능력을 순수하게 인정하고 적절하게 끌어내야 좋은 팀을 구성할 수 있다. "무조건 내 말에 따르도록 해!"라는 고압적인 명령 대신, 마찰을 최소화하는 효과적인 조종 기술이 필요한 셈이다.

모르는 부분은 당당히
빌려 쓰는 전략

제록스의 전 회장 앤 멀케이Anne Mulcahy는 2000년에 갑작스럽게 최고운영책임자인 COO로 임명되었다. 당시 제록스는 파산 직전의 비참한 상황으로, 20조 원에 가까운 부채를 끌어안고 있었다. 멀케이가 취임하기 1년 전에는 65달러였던 주가가 취임 당시에는 10분의 1 수준인 6달러 80센트까지 떨어져 '챕터일레븐Chapter11(미국 파산법 제11장인 회사 갱생법)'을 신청해야 한다는 말까지 나오는 위기 상황이었다.

멀케이는 줄곧 인사 분야에서 일했기 때문에 경영에 정통한 사람은 아니었다. 그런 그녀가 COO로 취임해서 가장 먼저 한 일은 '적재적소를 바탕으로 한 팀 구성'과 '정확한 사실 인식'이었다. 즉, 그녀는 자신이 무엇을 모르고 있는지부터 하나하나 확인해나갔다. 그래서 그녀는 늘 "나는 잘 몰라요"라는 말을 연발했다. 사실 리더가 잘 모른다면 알고 있는 사람을 불러 쓰면 된다. 그리하여 그녀는 구체적으로 재무나 R&D 등 전문 영역에 정통한 사람을 모아 전략적으로 팀을 꾸렸다. 그리고 그녀의 경영 방식이 효과를 보이며 기업 회생에 커다란 영향을 주었다.

사람은 어느 정도 지위를 갖추게 되면 모른다고 말하기가 어려워진다. 지위가 높아질수록 체면이 생겨서 "나는 몰라" "가르쳐 줘"라는 말을 하지 않는다. 하지만 멀케이는 그런 허세를 부리지 않았다. 그래서 얻은 별명이 '나는 잘 몰라요의 달인'이었다. 자존심을 내려놓고 도움 받을 수 있는 인재를 최대한 활용했기 때문에 그녀는 절체절명의 위기 상황에서 최선의 결과를 낼 수 있었다.

내가 그녀의 강연을 들었을 때, "기업이 무척 어려운 상황이었고 주주들로부터의 압박감도 심했을 텐데 마지막으로 당신이 의지했던 것은 무엇이었습니까? 무엇을 신념으로 삼았습니까?"라는 질문을 던졌더니 그녀는 단 한마디로 "고객입니다"라고 대답했다. 그리고 "주주는 전혀 신경 쓰지 않았어요. 고객을 위해 어떻게 해야 할지, 그것만 생각했어요"라고 덧붙였다.

단기적으로 주주에게 이익을 가져다주는 것보다 기업으로서 어떻게 고객의 마음을 되돌릴 것인지, 그 중심축이 전혀 흔들리지 않았다는 사실이 위기 상황에서도 변치 않는 그녀의 강점이었다.

세상에 완벽한 리더는 없다. 누구에게나 부족한 부분은 있기 마련이다. 다만 다른 사람보다 조금 나은 부분이 있고, 이 점을 인정받았기 때문에 사람들을 이끄는 자리에 서게 되는 것이다. 다시 말해 필요한 능력을 모두 갖춘 뒤에 리더로서 승진하는 것이 아니라, 리더가 되었으니 부족한 부분을 채워나가는 것이다.

조직 내에서 하루아침에 갑자기 리더의 자리에 앉게 되는 일은 얼마든지 벌어진다. 따라서 자신에게 부족한 부분을 냉정하게 파악하고, 그것을 보완해줄 수 있는 사람을 모으겠다는 식으로 발상을 전환하지 않으면 아무리 시간이 흘러도 좋은 리더가 될 수 없다.

사내 첩보전에서
승리하기 위하여

적재적소에 인재를 배치하고 활용하기 위해서는 평소에 주변 사람들을 잘 관찰해두어야 한다. 이 사람은 어떤 성격이며 어떤 강점을 갖고 있는가, 사람을 얼마나 잘 움직일 수 있는가, 계산에 강하다거나 화술이 뛰어나다는 브라이트사이드 스킬뿐만 아니라 위기의 상황에서 얼마나 뚝심 있게 자신의 의견을 관철시킬 수 있는가 하는 다크사이드 스킬까지 모두 머릿속으로 고려하여 가상의 팀을 구성해봐야 한다.

회사에서 일어나는 전투의 종류는 다양하다. 어떤 전투인지에 따라 어떤 사람을 내 편으로 끌어들여야 유리할지 잘 따져봐야 한다. 어떤 상황에 어떤 인재를 투입해서 어떤 역할을 맡길 것인가를 끊임없이 고민해야 한다는 뜻이다. 장기판의 말을 움직여 전쟁 상황을 전망하듯 얼마나 많은 패턴을 구상하고 예측할 수 있는가에 따라 개혁의 성패가 결정된다.

따라서 회사의 조직도와는 별도로 자신에게 유용한 '인맥 신경회로 지도'를 만들어야 한다. 회사의 지위 체계가 '골격'이라면, 조직이 짜놓은 틀에서 벗어나 자신에게 맞게 새로이 구성한 신경회로는 종횡무진으로 달리는 '정보망'에 해당한다. 조직 안에서의 전쟁은 결국 정보 싸움이다. 첩보전에 강한 사람이 승리를 거둘 수 있다.

그렇다면 유용한 정보는 어느 팀의 누구에게서 얻어야 할까? 자신의 정보망이 조직 안에 어느 정도나 펼쳐져 있는지 파악해보기 바란다. 사방에 폭넓은 신경회로를 펼쳐놓고, 다크사이드 스킬을 통해 끊임없이 중요한 정보를 입수할 수 있는 사람이 단연 전쟁에서 유리하다.

회사 안이라고 해도 첩보 활동은 CIA의 스파이 작전과 비슷하다. 경우에 따라서는 썩 마음에 들지 않는 사람과도 가까이 지내야 한다. 개혁에 저항하는 보수파일수록 중요한 정보를 가지고 있는 경우가 많기 때문에 그들에게 정보를 얻어낼 수 있도록 중립적인 태도를 유지하며 관계 조율에 신경 써야 한다. 뜻이 맞는 사람들만으로 만들어진 신경회로는 반쪽짜리 기능만 발휘할 뿐이다.

인맥 신경회로를
확장하는 법

회사 안에서 신경회로를 확장하려면 우선 나의 강점과 약점을 냉정하게 돌아보아야 한다. 나는 무엇을 할 수 있고 무엇을 할 수 없는가? 내가 할 수 없는 부분은 누구에게 맡기면 가장 효율적일까? 전략적으로 누구와 누구를 연결해서 어디에 배치하면 좋을까? 이렇게 전략 지도를 그리듯 신경회로를 뻗어나가야 한다.

또한 부하 직원의 마음을 사로잡아 자신의 손발로 만들어 움직이게 하려면 때로는 사적인 자리도 만들어야 한다. 회사 안에서는 절대로 입 밖에 내지 않는 비밀스러운 정보를 얻을 수 있기 때문이다. 물론 싫다는 부하 직원과는 억지로 자리를 만들어봐야 당연히 거절당하겠지만, 대부분의 직원은 회사에서 누구와 가깝게 지내는 것이 유리한지 늘 촉각을 세우고 있을 것이다. 만약 부하 직원들이 상사인 나와의 사적인 자리를 거절한다면 이는 자신에게 매력이 부족하다는 뜻이다. 그런 경우에는 우선 회사에서 자신의 능력치를 높이는 데 집중해야 한다.

조직 내 인간관계 지도

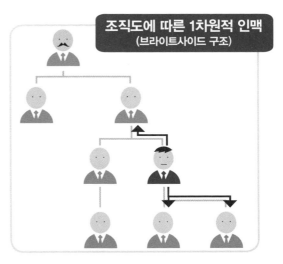

조직도에 따른 1차원적 인맥
(브라이트사이드 구조)

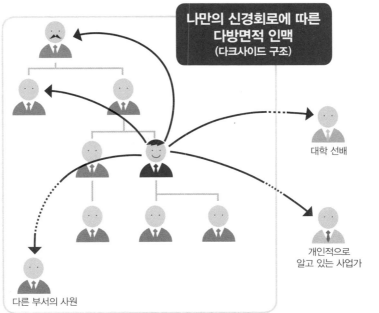

나만의 신경회로에 따른
다방면적 인맥
(다크사이드 구조)

대학 선배

개인적으로
알고 있는 사업가

다른 부서의 사원

반대로 자신이 경영진의 신경회로에 속해 있지 않은 경우도 문제가 된다. 톱다운 방식을 통해 대대적으로 회사의 구조를 바꾸려 할 때 핵심 인력에 포함되지 못하기 때문이다. 직접적으로 경영진의 신경회로에 들어가기 위해서는 자신이 속한 부서에 이익이 되는 말만 해서는 안 된다. 앞서 설명했듯 평소에 "우리 부서는 사실 이런 문제가 있습니다" "그 부서에서는 이런 제안을 했습니다"와 같은 식으로 회사 전체를 조망하는 의견들을 제시해 경영진의 귀에 들어가도록 만들어야 한다.

사내에 신경회로를 얼마나 크게 펼칠 수 있는지, 자신과 자신의 조직이 상부에 꼭 필요한 요소가 될 수 있는지는 고도의 다크사이드 스킬로 판가름된다. 신경회로는 단순한 사내 인맥이 아니다. 조직 안에 사방팔방으로 펼쳐져 있다가 중요한 순간에 총동원되어 내게 도움을 줄 수 있는 강력한 인간관계망이다.

신경회로는 자주 사용할수록 발달한다. 마찬가지로 정보를 자주 주고받을수록 자신과 상대방 사이의 신경회로 역시 더욱 굵어진다. 회식을 함께하는 것도, 가끔 술자리를 가지는 것도 신경회로를 튼튼하게 만들기 위한 투자다.

술을 마시지 않거나 개인적인 시간을 중요하게 여기는 직원과는 점심 식사를 함께하면 된다. 자신의 신경회로가 될 수 있는 사람과 정기적으로 점심 식사를 하면서 "그런데 그 일은 어떻게 된 거야?"

라는 식으로 정보를 업데이트해두면 중요한 순간에 도움을 받을 수 있다.

그래서 일반적인 사람들은 구내식당에서 점심을 먹을 때 대부분 자신이 속한 부서의 사람들과 식사를 하지만, 다크사이드 스킬을 습득한 사람은 기회가 생길 때마다 적극적으로 다른 부서 직원들과 식사 자리를 만든다.

닛산자동차에 취임할 당시 곤 사장은 워낙 신출귀몰해서, 갑자기 공장에 시찰을 나와 사원들과 함께 둘러앉아 이야기를 듣는 경우가 많았다. 그는 그렇게 현장에서 직접 발로 뛰며 얻어낸 1차 정보를 모아 신경회로를 만들었고, 이를 바탕으로 닛산자동차를 회생시키기 위한 원대한 계획의 청사진을 그릴 수 있었다.

신경회로를 만드는 일을 게을리했던 부서장들은 이 소식을 듣고 마음이 조마조마해졌다. 자신도 모르는 정보를 경영진이 알고 있으니 얼른 현장으로 달려가 정보를 모아야 했다. 경영자와 현장 말단 직원 간의 소통이 원활하게 이루어지기 시작하자, 각 부서장들도 적극적으로 1차 정보를 모으게 되었고 회사를 둘러싸고 있던 침체된 분위기 역시 살아나게 되었다.

신경회로는
최고의 무기다

　　나름대로 신경회로를 갖춘 리더는 이제 체스판 위의 말들을 어떻게 움직일 것인지 틈이 날 때마다 시뮬레이션 해봐야 한다. 이를 통해 경영진이 될 때를 대비하는 훈련을 할 수 있다. 그 과정에서 쌓인 신경회로는 평생 가는 자산이 된다. 그러니 이직을 자주 하는 사람은 신경회로가 부실해서 유사시에 도움을 청할 만한 인맥을 유지할 수가 없다.

　　다양한 현장 경험과 합리적인 의견으로 무장한 프로 경영자는 냉정한 판단이 필요하거나 중요한 의사결정을 내려야 할 때를 대비하여 많은 경영 전략을 공부한다. 하지만 평상시에는 일분일초를 다투는 중요한 결정을 내릴 일보다 눈에는 보이지 않지만 침체된 조직을 일으키기 위한 노력이 필요한 경우가 더 많다. 그럴 때 회사에 신뢰할 만한 신경회로를 갖추지 못한 경영자는 정보가 쌓일 때까지 고통을 받는다. 그래서 곧 사장이 취임하자마자 행동에 옮긴 일이 바로 신경회로를 만드는 작업이었다.

　　한 분야에서 10~20년에 걸쳐 경력을 쌓은 사람들의 가장 큰 재산은 업계에서 다진 굵고 튼튼한 신경회로다. 직급이 높아진 이후에는 갑자기 인맥을 만들려고 해도 한계가 있다. 따라서 20대부터 언젠가 도움이 될 거라는 확신을 가지고 미리 준비해야 한다. 현재 소속된 부서에서 인맥을 다지는 것은 당연하다. 여기서 더 나아가 업무와 무관한 부서와의 관계, 또는 개인적인 인간관계에서 얼마나 단단한 신경회로를 만들 수 있는지가 중요하다.

다크사이드 스킬로 쌓은 신경회로에는 은밀한 정보가 담겨 있어서 메일이나 문서로 기록할 수 없는 내용들이 많다. 내 휴대전화에 소속 부서 외의 사람들이 몇 명이나 저장되어 있는지 확인해보라. 지금 당장 전화를 해서 "그건 어떻게 된 거야?"라는 질문을 던질 수 있는 사람이 몇 명이나 있는지 파악하면서 자신의 인맥을 살펴보는 것도 좋은 방법이다. 유사시에 활용할 수 있는 인맥이 거의 떠오르지 않는 사람은 언제 닥쳐올지 모르는 전쟁을 위해 지금 당장 준비를 시작해야 한다.

충고를 받을 수 있는
멘토를 찾아라

객관적으로 자신에게 부족한 점을 찾고 싶을 때에는 멘토의 도움을 받아야 한다. 회사에서 어느 정도 직급에 오르면 충고를 해주거나 주의를 주는 사람이 없어서 자칫 '벌거벗은 임금

님'이 되기 쉽다. 그런 상황을 대비해 언제나 자신을 꾸짖어주는 멘토를 만들어두어야 한다.

자주 만나지는 못하더라도 가끔 만나 이야기를 나눌 때 "그건 잘못되었다"고 솔직하게 지적을 해주는 사람은 매우 소중한 존재다. 회사에서 직급이 올라갈수록 나에게 지적을 하거나 잘못을 꾸짖어주는 사람은 줄어들고, 곁에서 달콤한 말로 아부하는 사람만 늘어난다. 객관적으로 판단할 수 없는 사람들에게 둘러싸여 있으면 지적받을 일이 없어 마음은 편할지 모르지만 더 이상의 발전은 없다.

그래서 멘토를 구하려면 회사 바깥에서 찾아야 한다. 같은 조직에 있는 상사와 부하 직원은 직접적인 이해관계에 놓여 있어서 말을 하는 쪽이든 듣는 쪽이든 솔직해지기 어렵다. 따라서 기회가 있을 때마다 수직관계도, 수평관계도 아닌 대각선에 위치한 유연하고 폭넓은 관계를 많이 만들어두어야 한다.

그렇다면 외부의 인맥은 어떻게 만들어야 할까? 일반 직장인, 그중에서도 대기업에 근무하는 사람들은 의외로 외부 사람들과 접촉할 일이 거의 없다. 따라서 의도적으로 기회를 만들어야 한다. 예를 들어 같은 업계지만 다른 업종에 종사하는 사람들의 모임을 찾아본다거나, 아예 다른 분야에서 일하는 사람들과 만나보는 것도 도움이 된다.

지금 직종에서 안정적으로 자리를 잡을 때까지는 미래에 대한 투자라고 생각하고 여가 시간도 활용해서 사람을 만나기 바란다. 업무가 끝난 이후나 주말에 외부 사람들을 만날 수 있는 모임을 찾아다니지 않는 한, 사내의 폐쇄된 커뮤니티에서 네트워크를 만들기는 매우 어렵다. 꾸준한 노력 없이는 거래처나 고객과의 만남 외에 효과적인 업무 네트워크를 형성하기가 좀처럼 쉽지 않다는 사실을 자각해야 한다.

투자은행이나 금융기관 출신 동료들은 M&A나 투자 안건 등으로 서로 얼굴을 마주하는 경우가 많고, 안건 자체도 외부에 공표할 수 있는 기회가 많기 때문에 금융 분야에서 인맥을 만들기가 수월했다. 하지만 컨설팅 업계에서 일했던 나는 기본적으로 업무상 비밀을 지켜야 했기 때문에 외부와의 연결이 그다지 많지 않은 편이었다.

나는 회사 외부에서 네트워크를 갖추지 못했던 탓에 지금의 회사인 IGPI로 옮겼을 때 의식적으로 스터디 모임에 참가했다. 그다지 사교적인 성격이 아니라서 이미 안정적인 분위기가 조성된 스터디 모임에 새로이 참가하는 것이 꽤나 힘들었다. 다른 사람들은 서로 잘 아는 사이인데, 나 혼자 갑자기 끼어들어서 "안녕하세요. 처음 뵙겠습니다"라고 인사를 하고 명함을 교환해야 했다. "저 사람 누구야?"라는 차가운 시선을 받으면서도 어떻게든 내게 흥미를 느끼게 하려고 신중하게 말을 건넸다. 이것도 하나의 훈련이라고 생각했다. 그렇게 10년 정도 노력하고 나니 이제는 나름대로 인맥의 폭을 넓힐 수 있었다.

하고 있는 업무만으로도 충분히 바쁘겠지만 의도적으로 시간을 만들어 투자하지 않으면, 지금 다니는 회사의 틀에서 벗어날 수 없다. 자신부터가 다양성을 이해하지 못하면서 부하 직원들에게 "다양성이 중요한 거야"라고 말해봐야 설득력이 없다. 그래서 나와 다른 많은 사람과 만나 굳어버린 사고의 틀을 깰 만한 의견을 들을 수 있는 사외 네트워크를 만드는 데 꾸준한 노력을 기울여야 한다.

4장

미움 받을지언정
뜻을 굽히지 마라

두렵지만 존경받는 리더가

조직을 변화시킨다

　　구조조정이라는 말에는 '공장 폐쇄'나 '인원 삭감' 과 같은 부정적인 이미지가 뒤따른다. 물론 그런 측면도 있지만, 본래 구조조정이라는 말은 기업의 기존 사업 구조나 조직 구조를 보다 효과적으로 기능하게 만들기 위해 개혁하는 작업을 뜻한다. 시시때때로 달라지는 경영 환경에 대응하여 낡은 것은 바꾸고 새로운 것은 도입하면서 조금이나마 확실한 발전을 거듭해가는 일인 셈이다. 일간지 한 면을 장식할 만한 대규모의 인원 감축이나 M&A 같은 대담한 개혁만을 가리키는 말이 아니라, 오히려 평상시 두드러지지 않는 업무 속에서도 기업의 신진대사를 구조조정해야 할 일이 많다는 뜻이다.

경험과 감각으로
단호히 결단을 내리는 힘

그렇다면 조직의 신진대사를 가로막는 요인은 무엇이 있을까? 대표적으로 리더가 과감하게 결단을 내리지 못하고 우유부단하게 미루는 것이 그 예다. 부하 직원들이 어떤 사안에 대해 결정을 내려달라고 할 때, 비교적 합리적으로 해답을 제시할 수 있는 일이 있는 반면, 머리로는 알고 있지만 좀처럼 강단 있게 결단을 내리기 어려운 일도 있기 마련이다. A라는 선택지를 택하면 누군가에게 변명을 해야 하고, B를 선택하면 또 다른 누군가에게 양해를 구해야 하는 때가 그렇다. 이럴 경우 어느 쪽을 선택해도 뒷맛이 개운하지 않겠지만, 리더라면 그런 상황에서도 과감히 결단을 내려야 한다.

부하 직원을 관리한다는 것은 많든 적든 구성원들의 행동과 정신에 영향을 끼친다는 뜻이다. 말단 직원이었을 때에는 자신이 맡은 일만 책임지면 됐지만, 자신의 의사결정으로 다른 사람에게 영향을 미치는 리더의 자리에 오르면 단순히 흑백논리로 처리할 수 없는 일들이 왕왕 발생한다.

사실 이런 문제들에 직면하면 대다수의 리더들은 결단을 미루곤 한다. "아직 판단을 내릴 근거가 충분하지 않습니다"라고 변명을 늘어놓는 것이다. 하지만 진정한 의미에서의 의사결정은 불완전한 정보만으로 정확한 길을 제시하는 것이다. 반대로 생각해보면 어떤 일을 판단할 때 완벽한 정보가 갖춰져 있어서 그 누구라도 합리적 판단을 내릴 수 있다면, 굳이 리더의 자리가 필요하지 않을 것이다. 따라서 리더라면 60~70퍼센트의 정보만으로도 자신의 '경험'과 '감각'을 활용해 문제가 정체되고 곪아 터지기 전에 단호히 결단을 내릴 줄 알아야 한다.

확실한 답이 보이지 않는 일을 불완전한 정보만으로 해결해야 할 때, 흔히 사람들은 '조금 더 상황을 지켜봐야지'라고 생각하며 은근히 결정을 미루고 싶어 하는 경향이 있다. 벼랑 끝에 몰리면 좋든 싫든 어떤 판단이라도 내려야겠지만, 사소한 문제나 당장 결정하지 않아도 될 문제는 자꾸만 회피하게 된다. 그렇게 회사의 각 부서가 일을 제때 처리하지 않고 결정을 미루다 보면, 기업의 신진대사는 꽉 막히게 된다.

바꿔 말해서 현장의 리더가 사소한 결정을 피하지 않고 때에 맞춰 과감히 결단을 내린다면, 자연히 그 조직과 기업은 활기를 띠게 될 것이다. 조직의 리더가 우물쭈물 결정을 미루면서 고민하는 시간이 길어질수록 조직의 구성원들에게는 대기 시간이 무한정 늘어나게 된다. 일이 원활하게 맞물려 돌아가지 않는 조직은 금세 노후 현상이 일어날 수밖에 없다.

미움 받는 일은
리더의 숙명이다

리더가 매일 맞닥뜨리는 의사결정에는 또 한 가지 역설이 숨어 있다. 현장에서 일하는 직원들은 전쟁터에서 눈앞에 있는 적을 무찌르는 데 온 힘을 쏟고 있기 때문에, 자신을 중심으로 반경 3미터 안에 있는 오늘과 내일의 일밖에 보지 못한다. 하지만 리더는 다르다. 같은 문제라도 장기적인 시간 관념과 넓은 공간 관념으로 바라보기 때문에 직원들과 견해가 완전히 다를 수밖에 없다.

그래서 나중에 큰 문제가 될 수 있는 조짐을 발견하고 과감히 구조를 바꾸려 할 때, 현장의 직원들로부터 반발을 사게 될 위험이 있다. 이렇게 복잡한 상황에 놓이게 되면 리더는 경영진에게 슬쩍 그 결정을 미루는 전략을 취한다. 경영진에게 "좀 더 상황을 지켜봐야 할 것 같습니다"라고 보고한 뒤 동의를 구하고, 자신의 '미루기'에 정당성을 부여하는 것이다.

그러나 결정을 내려야 할 때를 암묵적으로 피하는 것은 문제를 인식하면서도 용기를 내지 못하는 비겁한 행동에 불과하다. '이게 아닌 것 같은데……'라는 사소한 조짐도 허투루 넘기지 않고, 길고 넓게 보아 나중에 닥쳐올 위기를 예방하는 것이 리더로서 해야 할 소명이자 책임인 것이다.

물론 앞서 말했듯 그런 판단을 내리면 현장의 직원들에게 일시적으로 미움을 살 수도 있다. 경우에 따라서 리더의 판단이 옳았음을 밝히는 데 짧게는 5년, 길게는 10년 이상의 시간이 걸리기도 한다. 그때까지 줄곧 직원들에게 미운털이 박힌 채 살아가야 할 수도 있는 것이다.

그렇다고 해서 리더가 계속 결정을 미루기만 한다면, 문제는 더욱 심각해질 것이다. 일단 조직과 현장을 책임지는 리더로서 "누가 뭐라 해도 나는 내 길을 묵묵히 간다"는 독한 각오로, 문제가 커지기 전에 적극적으로 처리하여 기업의 피가 원활히 돌게 노력해야 한다.

친밀하면서 존경받는
리더는 없다

아무리 사소한 결정을 내린다고 해도, 현재의 상태를 바꾸려고 하면 자연히 다른 부분에서도 연속적인 변화가 나타나기 마련이다. 여기서 발생하는 모든 변화에 대해 리더는 크고 작은 책임 모두를 감당해야 한다. 즉, 리더는 모든 사람에게 호감을 얻을 수 없다. 바꿔 말하면 '좋은 사람'으로 남고 싶은 사람은 결단력과 추진력 있는 리더가 될 수 없다.

서로 간에 공감대를 형성하면서 문제를 결정해온 리더는 팀원이 다섯 명이면 다섯 명 모두의 의견을 듣고 종합적인 결론을 내리기 때문에 비교적 모든 사람의 호감을 얻는 편이다. 줄곧 이런 방식으로 일해왔던 사람이 갑자기 누군가의 의견은 과감히 배제한 채 결단을 내리기란 쉽지 않을 것이다. 하지만 조직을 살아 움직이게 하고 개혁하기 위해서는 친밀함과 호감이라는 가면을 잠시 내려놓을 필요가 있다. "저 팀장 진짜 마음에 안 들어"라는 말을 듣더라도 "그래서 어쩌라고?"라고 생각할 수 있는 독기와 근성이 필요하다.

그런 의미에서 부하 직원과의 적당한 거리감은 무척이나 중요하다. 베스트셀러『로마인 이야기』의 저자 시오노 나나미塩野七生는 이 책을 통해 "친근감과 존경심은 공존할 수 없다"라는 명언을 남겼다. 부하 직원에게 호감을 얻는 리더와, 두렵지만 존경받는 리더는 전혀 다르다. 지나치게 가까워지면 일시적으로 호감을 얻을 순 있을지 몰라도, 상하 관계에서 오는 긴장감이 사라져 중요한 순간에 채찍을 휘두르거나 쓴소리를 할 수 없다. 그렇다고 지나치게 거리감을 두면 신뢰가 쌓이지 않아서 부하 직원을 손발처럼 마음껏 운용할 수 없으니 그것 또한 경계해야 한다.

좋고 싫다는 감정을 세로축, 가깝고 멀다는 관계를 가로축에 놓

리더를 향한 호감도와 거리감의 상관관계

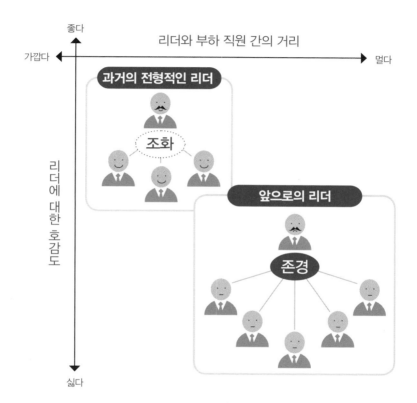

고 표를 그려보면, 과거의 리더는 대부분 모든 사람과 원만하게 지내면서 호감을 얻으려고 하는 경우가 압도적으로 많았다. 승진을 해서 위로 올라가면 부하 직원과 몸은 멀어져도 호감은 유지되곤 했다. 사실 과거의 조직에서는 애당초 직원들에게 미움 받는 인물은 승진 자체를 할 수도 없었다.

그러나 경영 환경이 변화무쌍하고 기존의 구조를 바꿔 개혁을 단행해야 하는 지금의 리더는 모든 사람에게 호감을 얻으려 해서는 안 된다. 반대하는 의견이 있더라도 해야 할 일은 과감히 해내야 한다. 그리고 설사 미움을 사더라도 직원들에게 두려움과 존경심을 갖게 한다면, 자신의 목적에 따라 직원들을 움직일 수 있다.

니콜로 마키아벨리Niccolò Machiavelli는 자신의 책『군주론』에서 사람이 누군가를 위해 움직이는 이유는 그 사람에 대한 '두려움'이나 '호감' 때문이라고 말했다. 그러면서 호감은 상대방에 대한 감정이지만 두려움은 자기 자신이 느끼는 감정이므로, 자신이 제어할 수 없는 부분(호감)으로 사람을 움직이는 쪽보다는 자신이 제어할 수 있는 부분(두려움)으로 사람을 움직이게 하는 쪽이 더 논리에 맞다고 설명했다(나아가 그는 두려움과 증오는 분명히 다른 감정이며, 증오는 반드시 보복을 당하게 되니 이 두 가지를 혼동하지 말라고 덧붙였다).

'경외심'이란 그야말로 상대방에 대한 두려움과 존경이 섞인 감정을 말한다. 내가 소속된 IGPI의 도야마 가즈히코富山和彦 대표에 대해 사람들이 느끼는 감정이기도 한데, 실제로 그가 등장하면 분위기가 바로 긴장 상태로 바뀌곤 한다. 확실하지 않은 의견을 내면 즉시 알아차리고 문제를 제기하기 때문에 그 누구도 가즈히코 대표를 속이려 들지 못한다. 그 앞에서는 누구라도 진지해진다. 이런 좋은 의미에서의 긴장감이 조직을 더욱 강하게 만든다.

현장의 저항 세력을
확실히 장악하는 리더의 강단

료힌케이카쿠(무인양품의 모기업)의 명예고문 마쓰이 타다미쓰松井忠三의 '재고 이야기'는 아직까지도 내 머릿속에 강렬히 남아 있다.

마쓰이 대표가 2001년에 사장으로 취임했을 때, 료힌케이카쿠의 적자는 380억 원을 기록한 상태였다. 이 사태를 어떻게 해결해야 할까 고민하던 마쓰이 대표는 몇 가지 상징적인 행동을 취했다. 그중 하나가 팔다 남은 재고를 모두 모아 직원들이 보는 앞에서 불태워버린 일이었다. 아무리 재고라고 해도 각자가 정성을 쏟아 만든 물건이었을 테니, 재고가 타들어가는 모습을 보고 눈물을 흘리는 직원도 있었다고 했다.

일반적인 상식으로 생각해보면 380억 원이라는 막대한 적자가 있는 기업이라면 할인을 해서라도 재고를 헐값에 팔아 자금을 조달해야 함이 맞다. 하지만 마쓰이 대표는 쉬운 길을 선택하지 않았다. 앞으로 모든 일에 있어 사장인 자신은 절대 어정쩡한 대처를 하지 않겠다는 뜻을 재고를 모두 불태워버림으로써 직원들에게 공표했다. 사실 그때까지는 담당 책임자가 상품이 부족하지 않도록 늘 넉넉하게 발주를 해서 언제나 재고가 남아도는 상황이 반복됐다. 하지만 마쓰이 대표는 더 이상 이런 일을 용납하지 않겠다는 뜻을 몸소 선보였다. 더구나 한 번이 아니라 두 번이나 반복했다. 그러자 비로소 느슨했던 조직의 분위기가 단단하게 바뀌기 시작했다.

이 사건 이후 550억 원 정도였던 재고의 양이 3분의 1 수준인 170억 원대까지 줄어들었다. 방식은 다소 거칠었지만 직원 모두에게 아주 강렬한 인상을 남기기에는 충분했다. 모두에게 미움을 받아도 상관없다는 리더의 굳은 각오가 없었다면 절대로 해낼 수 없는 행동이었다.

이처럼 개혁을 단행하고자 하는 리더의 입장에서 가장 넘기 어려운 저항 세력은 바로 '현장의 직원들'이다. 조직 전반에 걸쳐 작용하는 관성의 법칙을 이겨내기 위해서는 어정쩡한 결단과 따뜻한 접근만으로는 부족하다. 때로는 북풍의 한파 같은 냉철한 태도로 임해야 한다.

물론 그중에는 꾸짖는 순간 조직을 떠나버리는 직원도 있을 것이다. 그러나 그런 일에 하나하나 흔들려서는 안 된다. 불안한 마음에 태도를 고쳐 부하 직원을 잡으려 하면, 중심이 흔들리고 말 것이다. 그럴수록 오히려 자신감을 가지고 의연하게 대처해야 리더의 그릇이 크고 깊어지는 법이다.

상황에 따라
적절한 카드를 준비하라

힘으로 밀어붙이는 방식의 경영은 과거 블랙기업(고용이 불안정한 상태에서 일하는 청년 노동자들에게 저임금·장시간 노동 등 불합리한 노동을 강요하는 기업)의 대명사로 불렸다. 또 어쩌면 이런 강력한 카리스마형 리더십은 자유분방한 젊은 세대들에게 통하지 않는다고 여겨질 수도 있다. 그래서 최근에 등장하는 리더십 관련 책에서는 부하 직원들의 의욕을 이끌어내기 위해 웃는 얼굴로 자주 칭찬을 해주어야 한다고 말한다. 그러나 내가 보기에 이건 보텀업 시대에 조화를 중시하는 리더의 방식이지, 톱다운을 지향하는 개혁파 리더의 방식은 결코 아니다.

자신의 의사를 관철시키기 위한 다크사이드 스킬은 반대를 무릅쓰고 상황에 맞는 적절한 카드를 사용해 조직을 원하는 방향으로 이끄는 것이다. 그러기 위해 리더는 엄하게 질타하고 격려하는 카드, 칭찬을 해서 상대방의 의욕을 이끌어내는 카드, 논리적으로 토론을 심화시키는 카드, 불평불만을 제압하고 자신의 의견을 밀어붙이는 카드 등 각각의 목적이 다른 여러 종류의 카드를 준비해야 한다.

늘 웃는 모습을 유지하는 카드 한 장만으로는 부하 직원에게 호감은 얻을 수 있을지 몰라도 존경심을 갖게 하기엔 어렵다. 다양한 카드를 상황에 맞춰 적절히 사용하기 위해서라도 부하 직원과 적절한 거리감은 늘 유지해야 한다. 너무 가깝거나 너무 먼 거리에 있으면 그만큼 사용할 수 있는 카드도 줄어들기 마련이다.

예를 들어 구조조정이 필요하다면 가차 없이 칼을 꺼내 휘두르되, 단 한 번의 칼질만으로 문제를 완전히 제거해야 한다. 리더는 그런 강인함과 냉정함을 두루 갖추어야 한다. 그런 리더가 되려면 외부의 평가만을 신경 쓰는 것으로는 부족하다. 먼저 자기 스스로 내면에서부터 확실한 중심이 세워져 있어야 가능하다. 내부에 중심이 잡혀 있으면 반발하는 사람이 있더라도 큰 그림을 보며 의연하게 뜻을 밀고 나갈 수 있다. 즉, 외부 평가에 신경 쓰는 사람은 적을 만들지 않고 누구에게나 호감을 얻지만, 승부를 걸어야 할 중요한 순간에는 칼날을 휘두르기가 어렵다는 뜻이다.

5장

번뇌가 아닌
욕망에 빠져라

오직 목표만이
리더가 추구해야 할 가치다

'번뇌에 빠지지 말고 욕망에 빠져라'라는 말은 불교에서 말하는 '작은 욕심을 버리고 큰 욕심을 품어라'와 같은 의미다. 어떤 사안에 대해 옳고 그름을 분명하게 구분할 수 없고, 정보마저 충분하지 않을 때 리더가 마지막으로 의지해야 할 판단 기준은 무엇일까? 논리적으로 생각해도 해답을 찾을 수 없을 때 리더의 결정을 이끄는 것은 결국 자기 자신의 신념과 가치관이다. 즉, 자신이 무엇을 중요하게 생각하는지, 무엇을 우선시하는지에 따라 앞으로 나아갈 것인지 잠시 멈추어 기다릴 것인지를 결정하게 된다. 좀 더 엄밀하게 표현하자면 리더 자신의 가치관에 회사의 가치관을 더한 것, 이 두 가지를 중심으로 앞으로의 방향을 결정하는 것이다.

따라서 리더는 그 무엇보다도 우선적으로 자신이 중요하게 여기는 가치를 깨달아야 한다. 자신이 의지하고 있는 가치관을 이해하지 못하면 흔들림 없는 의사결정을 내릴 수 없다. 자신을 안다는 것은 영어를 잘한다거나 재무 회계에 능하다는 식의 브라이트사이드 스킬을 파악하는 게 아니다. 결정적 순간에 마음이 가리키는 방향, 내면에 숨겨져 있는 자기 가치관을 이해하는 일이다.

당신은 무엇을 소중하게 여기는가? 반드시 지키고 싶은 신념은 무엇인가? 어떤 때에 강해지며 어떤 상황에서 두려움을 느끼는가? 무엇보다 자신의 단점을 똑바로 바라볼 수 있는 용기가 중요하다. 어떤 경우에 마음이 약해지는지를 이해하는 것이다. 그리고 그러한 나약함이나 두려움에 맞서 자신을 다스리고, 올바른 방향으로 나아가는 것이 바로 다크사이드 스킬이다.

미처 깨닫지 못했던 자신의 가치관을 이해하려면 지금껏 자신이 살아온 과거의 선택들을 되짚어봐야 한다. 가치관이란 그 사람이 살아온 역사, 그 자체이기 때문이다.

스티브 잡스Steve Jobs는 스탠퍼드대학교 졸업식 연설에서 "점과 점을 연결하라Connecting the dots"라고 말했다. 아무런 관련도 없어 보였던 점들이 나중에 돌이켜보면 선으로 연결되어 삶을 이룬다는 이야기다. 현재의 자신은 필시 과거의 연장선 위에 존재한다. 삶은 특히 괴로울 때나 고통스러울 때에 불쑥 성장하므로, 과거에 그러했던 부분을 파헤쳐 들어가면 자신이 어떤 가치관과 신념을 가진 사람인지 알 수 있다.

역경이야말로
삶을 알 수 있는 기회다

나는 20대에 스타트업을 시작했는데, 창업 당시에는 자금 조달 때문에 힘들었던 적이 참 많았다. 친구들에게 연락을 해서 돈을 빌리느라 밤새도록 뛰어다닌 적도 있었다. 그러다 보니 큰 병에 걸려 오랫동안 요양 생활을 하기도 했다. 그때는 하루 종일 병원 침대에 누워 천장을 올려다보고 지냈는데, 죽도록 바빴던 사람이 갑자기 죽음을 진지하게 의식하게 되자 많은 생각이 머릿속을 스쳐 지나갔다. 과거를 돌이켜보니 떠오르는 기억은 고통뿐이었다. 즐거웠던 일은 거의 떠오르지 않았다.

이렇게 정신적으로 막다른 위기에 몰렸을 때, 그 위기를 이겨냈던 경험은 앞으로 살아가는 동안 자기 자신에게 두고두고 도움이 된다. 사람의 진정한 모습은 순조로운 시기가 아니라 역경에 놓였을 때 비로소 나타난다.

그래서인지 요즘에는 강한 리더를 육성하는 프로그램 중 일부러 힘든 과제를 주고 도전하게 만드는 '터프 어사인먼트Tough

Assignment'가 주목을 끌고 있다. 과거 고통스러웠던 기억을 꺼내어 보는 것은 터프 어사인먼트와 비슷한 효과가 있다.

미쓰비시 케미컬홀딩스의 회장 고바야시 요시미쓰小林喜光는 사장으로 취임한 직후인 2007년에 미쓰비시화학 가지마사업소에서 에틸렌플랜트가 폭발하여 화재사고가 발생했고, 2008년에는 리먼 사태가 발생하여 이러지도 저러지도 못하는 상황에 놓였는데, 오히려 이때가 자신이 경영자로서 더욱 단단해질 수 있는 계기가 되었다고 말했다. 목표를 달성하고 싶다, 혹은 이 회사를 더욱 발전시키고 싶다는 강렬한 의지가 있으면 금전욕이나 출세욕 같은 치졸한 개인의 욕심이 개입될 여지가 없다. 리더의 뜻이 확고할수록 일종의 광기가 깃들기 때문이다.

내 안에서 나를 만드는
신념과 가치들

과거에 겪었던 위기의 경험들로 자신의 내적 윤곽을 확인했다면, 이제는 보다 상세히 그 안을 들여다볼 차례다. 리더는 회사에서 크든 작든 하나의 조직을 이끌고 있고, 그에 대한 책임을 지는 사람이다. 그의 판단 하나하나가 소속 부서뿐만 아니라 회사 전체에 영향을 끼칠 수도 있다. 이럴 때 리더가 자신이 의지하고 있는 가치관이나 신념을 언제든 떠올릴 수 있으면, 어떤 상황에서도 흔들리지 않고 결단을 내릴 수 있다.

대개 취업을 준비하면서부터 처음으로 진지하게 자신의 강점과 약점을 고민하게 된다. 그러나 직장인이 된 후에는 눈앞의 업무에 쫓겨 자기 자신을 진지하게 돌아볼 시간을 가지기가 어렵다. 그럼에도 리더는 지금껏 자신이 쌓은 가치 있는 경험들을 돌아보고 정리해봐야 한다.

가정이 있는 사람도 마찬가지다. 결혼을 하고 아이가 생겼을 때, 나는 아내와 함께 "우리 집의 가훈을 무엇으로 정할까?"라는 이야기를 나누다가 각자 살아온 연표를 만들어보는 건 어떻겠느냐고 제안했다. 우리가 어떤 인생을 걸어왔고 무엇을 소중하게 생각하는지, 부모님이나 형제들에게 들은 이야기를 적어 아이와 나눈다면, 서로의 가치관을 근본적으로 이해할 수 있을 거라 생각했다.

어린 시절부터 몸에 완전히 배인 습관이나 절대로 어기지 않겠다는 자신과의 약속들을 돌아보면, 자신이 무엇에 얽매여 있고 어떤 가치를 소중하게 여기는지 파악할 수 있다. 더 나아가 마흔 살이 되었을 때, 혹은 쉰 살이 되었을 때처럼 특정 지점에 자신의 과거를 한 번씩 정리해두면 그 가치관을 토대로 중요한 순간에 망설이지 않고 결단을 내릴 수 있다.

수치가 아닌

리더의 가치관을 공유하라

자신의 마음속 근원, 이른바 가치관을 이해했다면 이를 혼자만 간직할 것이 아니라 팀원들과 함께 공유해야 한다. 부끄럽다거나 쑥스럽다는 생각은 버리고, 자신이 속한 팀 전원이 이해할 수 있도록 적극적으로 밝혀야 한다. 아무리 무언가를 소중히 여긴다고 해도 그것을 말로써 표현하지 않으면 사람들은 각자 제멋대로 해석해버리고 말 것이다. 자신의 가치관을 팀 구성원들이 받아들이고 이해해야 비로소 모두가 같은 방향으로 생각하고 움직이는 팀을 만들 수 있다.

여기서 리더가 유의해야 할 점은 가치관을 '강요'하는 것이 아니라 '공유'해야 한다는 것이다. 리더가 직원들의 다양성을 수용해야하는 이유와 마찬가지로, 가치관을 공유하는 일은 동질화된 팀을만들기 위함은 아니다. 리더의 가치관이 확실히 공유되어 있다면, 서로 다른 생각 속에서 조직이 지향하는 가치를 잃지 않는 하나의결정을 내릴 수 있다.

이와 같은 맥락으로 매일 아침 회의 자리에서 사훈을 외우는 대신, 회사를 어떤 방향으로 이끌어가고 싶은지에 대해 진심으로 토론하고 공유하는 것이 중요하다. 진지한 토론에 익숙하지 않더라도 부끄러워하지 말고 실천해야 한다.

올해의 예산 수치 같은 정보는 당연히 전 사원에게 공유된다. 하지만 토론으로써 심화시켜야 할 내용은 예산과 같은 단기적이면서 표면적인 목표가 아니라, 3년 후 우리 회사를 어떤 회사로 만들고 싶은지, 고객에게 어떤 가치를 제공하고 사회에 어떤 영향을 미칠 것인지와 같은 중장기적인 목표와 비전이다.

리더 자신이 중요하게 여기는 가치를 단순히 전달만 하는 것이 아니라, 적극적인 토론을 통해 구성원들과 가치관을 맞춰나가는 일은 그 어떤 인사 교육보다도 효과적이다. 리더의 입장에서 직원은 자신의 손발과도 같아서, 자신의 생각대로 움직이게 하고 싶다면 귀찮더라도 계속해서 깊은 대화를 나눠야 한다. 수십 명이나 되는 직원이 모두 같은 목표를 바라보고 움직이게 하려면 당연히 그런 과정이 필요하다.

예를 들어 특정한 상황에 놓였을 때 어떻게 대처해야 할지 서로 토론해보는 것도 좋다. "자네라면 어떻게 대응하겠는가?" "그럼 자네는?" 이런 식으로 질문을 던지면서, "하지만 이럴 때는 이런 점도 중요하니까 다르게 접근할 수 있지 않을까?"라고 중간중간 자신의 의견도 제시해보는 것이다. 자신의 리더가 어떤 사람인지 깊이 이해하게 되면, 부하 직원들은 일일이 말하지 않아도 서로의 합의점을 찾아 알아서 움직여줄 것이다.

리더 자신의 가치관을 직원들과 공유하기 위해서는 '조하리의 창Johari Window'을 활용해봐도 좋다. 미국의 심리학자 조셉 루프트Joseph Luft와 해리 잉햄Harry Ingham이 고안한 이론으로, 타인과의 관계 속에서 내가 어떤 상태에 처해 있는지를 보여주고 어떤 면을 개선하면 좋을지를 보여주는 데 유용한 분석틀이다. 조하리의 창은 크게 네 부분으로 이루어져 있는데, 나도 알고 있고 타인도 알고 있는 부분을 '해방의 창'이라고 부른다. 이것을 나는 알지만 타인은 모르는 '비밀의 창'으로 확대시키기 위해선 자신의 마음속에 있는 가치관을 언어로써 전달해야 한다. 즉, 리더는 비밀의 창을 최대한 좁히고, 해방의 창을 최대한 확장시켜야 한다.

사사로운 번뇌에
빠지지 않으려면

가치관을 다른 말로 표현하면 '무엇이 동기를 부여하는가?'라고 할 수 있다. 동기 부여는 10년 뒤 회사를 어떻게 만들고 싶다거나 세상을 바꾸고 싶다는 식의 '외향적 동기 부여'와 나는 언젠가 이런 사람이 되고 싶다는 '내향적 동기 부여'로 나눌 수 있다. 그런데 인간은 자칫 그런 동기 부여와는 다른 요인을 기준으

조하리의 창

자신은 안다 ▼   자신은 모른다 ▼

타인은 안다 ▶

1
해방의 창
자신도 타인도
알고 있는 나

2
맹점의 창
자신은 모르지만
타인은 알고 있는 나

타인은 모른다 ▶

3
비밀의 창
자신은 알고 있지만
타인은 모르는 자신

4
미지의 창
자신과 타인
모두가 모르는 자신

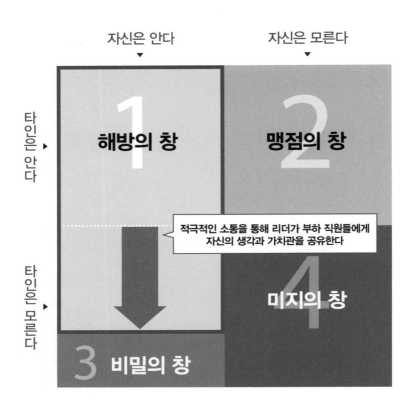

자신은 안다

자신은 모른다

타인은 안다

1 해방의 창

2 맹점의 창

적극적인 소통을 통해 리더가 부하 직원들에게
자신의 생각과 가치관을 공유한다

타인은 모른다

4 미지의 창

3 비밀의 창

로 행동하기도 한다. '이렇게 되고 싶다' '이렇게 하고 싶다'는 진취적인 바람이 아니라, 마음속 어두운 부분에 존재하는 세속적 욕망에 마음이 끌리는 것을 말한다. 이를 '번뇌'라고 부른다.

예를 들어 명예에 약하다거나 도박을 좋아한다거나 출세욕이 강하다는 식으로 사람은 누구나 세속적인 욕망을 갖고 있다. 그런 번뇌는 다른 사람에게는 숨길 수 있을지 모르지만, 자기 자신은 결코 속일 수 없고 애써 외면하려고 해도 결정적인 순간에 고개를 치켜든다. 따라서 번뇌를 없애는 것이 아니라 어떻게 조율하고 다스릴 것인지, 나쁜 방향으로 흘러가지 않으려면 어떻게 해야 하는지까지도 생각해두어야 한다.

모든 직원을 안고 가야 하는 리더의 압박감은 말로 표현할 수 없을 만큼 무겁다. 그렇게 매일 부담감과 싸우다 보면 자신도 모르게 세속적인 욕망을 앞세우고 싶어진다. 다양한 사람들과 직접 상대하다 보니 유혹에 빠지기도 쉽고, 더구나 지위가 높아질수록 도처에 함정이 도사리고 있어서 언제나 자신의 나약함을 자각하고 있지 않으면 언제 발목을 잡힐지 모른다.

그런 함정에 빠지지 않기 위해서라도 정말로 자신이 하고 싶은 일이 무엇인지, 진정한 목표가 무엇인지 틈이 날 때마다 정리해두어야 한다. 한 번밖에 없는 인생에서 이것이 정말로 내가 하고 싶은 일인지, 단순한 세속적 욕망인지 하는 질문을 스스로에게 던지는 성찰이 필요하다. 이를 게을리하면 어느 때고 순간적인 유혹에 무릎을 꿇게 될지도 모른다.

반면 도저히 번뇌를 떨쳐버리지 못하는 사람들도 있다. 그런 사람들은 오히려 자신의 번뇌를 깨끗이 인정하고, 욕망을 좇으며 살아가는 편이 자신도 행복하고 주변 사람들에게도 피해를 주지 않는 방법이다.

리더에 적합하지 않은
4가지 유형의 사람들

자신의 번뇌조차 다스릴 수 없으면서 다른 사람을 뜻대로 움직이려는 생각은 과분한 욕심이다. 그런 사람은 리더가 된다는 생각을 포기하는 것이 세상을 위해서도, 다른 사람들과 자기 자신을 위해서도 바람직한 선택이다. 번뇌를 조율하지 못해 리더의 자리에 어울리지 않는 사람으로는 다음과 같은 유형이 있다.

첫 번째로 사내 정치를 좋아하는 사람이다. 그들은 파벌을 만들거나 파벌 사이를 오고가며 적절하게 자신의 자리를 만든다. 이런 사람들은 대개 업무적인 능력보다는 분위기를 읽고 처세하는 능력만 뛰어난 경우가 많다. 그래서 직접적인 의사결정을 내리거나 부하 직원을 이끄는 자리에는 맞지 않는다.

두 번째는 무엇이든 남의 탓으로 돌리는 버릇이 있는 사람이다. 문제가 생기면 부하 직원이나 환경만 탓하다가 결국 아무도 책임을 지지 않는 상황이 연출될 것이다. 이런 사람도 압박감과 책임감이 강하게 요구되는 지위에 어울리지 않는다.

세 번째는 내성적인 성향이 강한 사람이다. 많은 사람과 지속적으로 정보를 주고받는 관계를 유지하는 데 어려움을 느끼기 때문에, 차라리 혼자서 처음부터 끝까지 일을 처리할 수 있는 업에 종사하는 편이 본인에게 유리하다.

마지막으로 높은 지위에 오르고 싶다는 출세욕만 강한 사람이다. 자신을 가장 소중히 생각하기 때문에 중요한 순간에 조직이나 부하 직원보다는 자신의 욕망을 우선하는 선택을 할 가능성이 높다. 게다가 명예를 좇다 보니 '이것만큼은 절대로 굽히지 않겠다'는 자기 신념이 부족해서 유혹에 빠지기 쉽다.

흔히 이력서에 강조하는 능력은 외국어를 잘한다거나 숫자에 강하다거나 마케팅 능력이 뛰어나다는 사실적 자료, 즉 업무상의 경험이나 학습을 통해서 길러진 브라이트사이드 스킬이다. 그러나 자신의 번뇌를 인정하고 그것을 다스리기 위해서는 브라이트사이드 스킬이 아닌 다크사이드 스킬이 필요하다. 가치관이나 번뇌를 바탕으로 하는 자신의 내면세계, 즉 다크사이드는 쉽게 변하지 않는다.

그래서 자신의 내면을 조율하기 위한 다크사이드 스킬을 갈고닦아, 이를 통해 이기적인 욕심을 비롯한 마음속 갈등을 억제해야 한다.

내가 어떤 사람인지
30분 안에 설명해보라

숨은 번뇌를 찾기 위해 과거를 돌아보려 해도 구체적으로 어디서부터 어떻게 시작해야 하는지 막막하다면 30분 안에 자신의 인생을 설명해보기 바란다.

내가 하버드비즈니스스쿨에서 유학하던 당시에 여덟 명의 소그룹으로 조를 만들어 한 사람당 30분씩 자신에 대해 이야기하는 수업을 들은 적이 있다. 대부분 처음 만나는 사람들이고 국적도 다 달랐는데, 서로 비밀을 유지해줄 것을 약속하고는 어느 대학을 나왔고 어느 회사를 다녔다는 표면적 정보뿐만 아니라 자기 안에 숨겨진 상처나 어린 시절의 기억 등 내면적인 부분까지 모두 털어놓는 시간을 가졌다.

30분은 생각보다 긴 시간이어서 상당히 깊은 이야기까지 하게 된다. 직접 해보면 알겠지만 이야기를 하는 도중에 꼭 눈물을 흘리는 사람이 나오곤 한다. 그만큼 감정을 담아 자신의 삶에 대해 진지하게 설명하는 것이 관건이다. 나도 사람들에게 이야기를 하면서 점차 스스로가 정리된다는 느낌을 받았다. 매 순간 '아, 나는 이런 사람이었구나' 하고 생각했다.

모국어로 설명하는 것만큼 유창하게 말할 수 없었지만, 처음 보는 사람들이고 나와 직접적인 이해관계가 없는 사람들이기 때문에 오히려 편히 마음을 털어놓을 수 있었다. 이 경험을 계기로 나는 나 자신의 토대를 갖출 수 있었다.

리더는 자신이 어떤 사람인지, 무엇에 강하고 무엇에 약한지, 어떤 가치를 소중히 여기는지 확실히 정립해두어야 한다. 그래야 중요한 순간에 나아갈 길을 빠르게 판단할 수 있다. 머릿속이 뿌연 상황에서 답을 찾아 헤매고 있을 땐 누군가에게 털어놓고 설명하는 과정이 필요하다. 그러니 같은 회사 사람보다는 연수나 스터디 모임 등에서 만난 사람들에게 허심탄회하게 이야기해보라. 부끄러운 부분도 진지하게 들어줄 수 있는 믿음직한 동료가 있다면, 그와 서로 30분간 자신의 인생을 프레젠테이션해봐도 좋겠다.

6장 — 시험대 위에서 도망치지 마라

결정적 순간에 위기를 해결하는 자가

진정한 리더다

'시험대'란 리더 자신의 신념을 시험당하는 순간을 가리킨다. 평소 팀원들에게 "나는 이런 사람이야" "나는 이런 부분을 중요하게 생각해"라고 이야기해왔다고 가정해보자. 이런 신념을 입증하는 결정적인 순간이 왔을 때 리더가 조금이라도 평소의 언행에서 벗어나는 행동을 하면 신뢰는 한순간에 무너진다.

중요한 순간에 자신의 가치관과 부합하는 선택을 할 수 있는가를 증명할 수 있어야 한다. 리더로서의 각오를 시험당하는 순간은 반드시 찾아오기 마련이다. 대개 그 순간은 고객과의 문제가 발생했을 때다. 특히 오랜 단골인 고객이 무리한 요구를 해오는 경우가 그렇다. 가장 간단한 방법은 일단 고객에게 "죄송합니다"라고 사과하고, 무리를 해서라도 요구를 들어주어 원만하게 해결하는 것이다.

일단 폭풍우를 피하는 셈이다. 그렇게 하면 거래 조건이 나빠지거나 일시적인 비용이 발생할 수는 있지만 고객과의 관계는 원만하게 유지할 수 있다.

하지만 평소 리더가 말했던 신념에서 벗어나는 요구라면 단호하게 거절할 줄 알아야 한다. 물론 사업적인 판단이 필요하고 경제적인 손익도 따져봐야 하겠지만, 자신의 가치관이나 회사의 방침과 어긋난다면 어떤 경우에라도 아닌 것은 아니라고 분명하게 말할 수 있어야 한다.

때로는 자신의 힘으로 해결할 수 없어서 "윗사람 불러와!"라는 식의 분노 섞인 고함을 듣게 되거나, 최악의 경우에는 그 고객과 거래가 끊길 수도 있다. 그렇다고 거기에서 물러난다면 자신의 신념을 굽히는 결과가 되고 만다. 게다가 부하 직원은 상사의 그런 태도를 빠짐없이 지켜보고 있다. 시험대에 올랐을 때 한 걸음도 물러나지 않고 자신의 뜻을 관철시키는 모습을 보여줄 수 있는가가 앞으로 부하 직원들의 신뢰를 얻을 수 있을지를 결정짓는다.

내가 20대 때 다니던 회사는 앞에서 언급한 대로 초기에는 좀처럼 안정권에 들지 못해서 할 수 있는 일은 닥치는 대로 받아야 했다. 그래서 아쉬운 대로 고객들의 크고 작은 불평은 되도록 받아들여서 원만한 관계를 유지하려고 노력했다. 돌이켜 보면, 온통 그 시절의 내 머릿속은 어떻게 자금을 끌어올지에 대한 고민이 차지하고 있었다. 한 푼이라도 더 벌기 위해서 나는 끊임없이 시험대에 올라야 했다.

직접 겪어보니 시험대 위에서 자신과 타협하지 않기 위해서는 자기 신념은 물론이고, 자기가 일하는 회사의 '독보적 강점'도 무척 중요하다는 사실을 깨달았다. 아무리 기업의 규모가 작아도 기술이나 비즈니스 모델이 독보적인 강점을 갖고 있으면 결정적 순간에 누구에게도 양보하지 않고 신념에 따른 결단을 내릴 수 있다. 또한 덩치가 큰 고객에만 의존하지 않고 다양한 고객을 상대할 수 있는 체질을 갖추어야 한다. 설사 어떤 한 회사와 거래량이 많다고 해도 종속 관계에 빠져서는 안 된다.

시험대 위에서
자신의 가치관을 증명하라

고객과 문제가 발생한 상황에서 본인의 잘못이 없는 경우, 일단 사과해서 상황을 수습할 것인가? 아니면 "그건 그렇지 않습니다"라고 분명하게 잘잘못을 가려 자신의 신념을 지킬 것인가?

1982년 존슨앤존슨의 해열진통제 타이레놀에 누군가 청산가리를 투입해, 이를 복용한 여덟 명이 사망한 사건이 있었다. 완제품으로 판매처에 공급된 이후 일어난 사건이었지만, 회사 측은 사실을 보고받자마자 즉시 막대한 비용을 들여서 제품을 전부 회수하고 당시 캡슐 형태였던 타이레놀을 정제된 알약 형태로 바꾸었다. 그 결과 '소비자의 건강을 지킨다'는 신념에 맞게 신속한 대응을 했다며 대중으로부터 높은 평가를 받아 기업 이미지에 받게 될 타격을 최소한으로 줄일 수 있었다.

다른 사례로 도널드 트럼프Donald Trump는 미국 대통령 후보 시절에 멕시코와의 국경에 장벽을 세우겠다는 정책을 내세워 취임 이후에 즉시 이민법을 규제하는 대통령령을 내렸다. 이에 대해 애플의 CEO인 팀 쿡Tim Cook은 "대통령의 이민 정책에 반대한다" "다양성이 우리의 팀을 강하게 만들어왔다"라고 분명하게 자신의 소신을 밝혔다. 쿡은 조직을 대표하는 리더로서 시험대에서 한 걸음도 물러나지 않았던 것이다.

시험대에 올랐을 때 사람들은 맞서거나 맞서지 않거나 둘 중 어느 한 쪽을 고르지 않고, 애매한 태도를 취하며 그 자리를 모면하는 경우가 많다. 자신의 신념을 지키며 시험대 위에서 당당히 싸우는 것이 하나의 결단이라면, 자신의 신념을 굽혀서라도 수용해야 할 것은 수용하는 태도 역시 어떤 의미에서는 결단이다. 하지만 위험을 회피하고 싶은 사람은 시험대 자체를 회피한다. 어떻게든 원만하게 해결하려고 애쓰다가 정작 누구의 신뢰도 지키지 못하는 사람은 성장의 밑거름을 채울 수 없다. 신뢰가 충분히 쌓이면 직원은 자연스럽게 리더를 따르게 된다.

언제나 직원들은
당신을 지켜보고 있다

회사의 직원 수가 늘어나 규모가 커지면 개인과 회사 모두 실패에 대한 기회비용이 커진다. 회사가 성장하면 시장에 미치는 영향력도 커지는 것처럼 부하 직원이 생기면 그만큼 리더의 영향력도 커지기 때문에, 잘못된 판단을 돌이키려면 많은 시간과 노력이 필요해진다. 그래서 자연히 모든 판단을 최대한 신중히 처리하게 되고, 되도록 실패하지 않기 위해 위험을 회피하는 경향이 강해진다. 이런 태도를 하버드비즈니스스쿨에서는 '승리를 위해 싸운다Play to win'가 아니라 '패배하지 않기 위해 싸운다Play to not lose'라고 표현하며 엄하게 경계한다.

패배하지 않기 위해 행동하는 것은 축구로 비유하자면 선수 모두가 수비에만 뛰어든 상태라고 할 수 있다. 점수는 잃지 않을지 모르지만, 동시에 득점도 할 수 없다. 당연히 정상적인 게임이 진행되지 않는다.

리더에게는 때로 위험을 감수하더라도 공격을 해야 하는 상황이 찾아오며, 그것이 어떤 의미에서는 시험대라고 할 수 있다. 개혁은 이미 안정된 무언가를 바꾸는 것이기 때문에 반드시 위험이 따른다. 그것을 감수하고 앞으로 나아갈 수 있는가가 리더의 각오와 용기를 묻는 시험대이다.

사회는 대체로 긍정적인 측면을 평가하기보다는, 한 번 감점을 당하면 그에 대한 선입견을 회복하기가 어려운 감점주의를 고수한다. 따라서 사람들은 성과를 내려고 노력하기보다 어떻게든 위험을 피하려고 한다. 그래서 어떤 결정을 내리거나 새로운 프로젝트를 시작할 때에도 누가 위험을 감수할 것인지, 누구의 책임인지가 분명히 드러나지 않도록 조직적으로 완곡하게 포장하는 경우가 많다.

예를 들어 의사결정을 해야 하는 회의에서도 결정된 의견의 발언자가 누구인지 애매한 상태를 만들어 자연스럽게 모두의 의견이 통합되어 결론이 난 듯한 묘한 분위기를 만든다. 사업을 진행하는 부서도 "그럼 그렇게 할까?"라고 말하며 적당히 마무리를 지어버린다.

나중에 공유되는 최종 회의록에는 각 임원들의 의견이 그대로 쓰여 있지만, 막상 임원들이 "아니, 그런 취지로 한 말이 아닌데"라며 하나둘 수정하기 시작하면, 결과적으로 최종 회의록에는 의도를 알 수 없는 아주 완곡한 표현만 남게 된다. 그렇게 처리된 서류에 임원 모두가 도장을 찍으면 책임 소재는 더욱 애매해진다. 이처럼 계속해서 모두가 책임을 회피하는 상태로 일을 진행한다면, 위험을 감수하고 공격적인 태도를 보이는 벤처기업이나 외국 기업과의 대결에서는 밀릴 수밖에 없다.

대규모 투자를 통해 신규 사업을 시작할 때, 시장 점유율에서 승부를 걸어야 할 때, 열악해진 조직을 근본적으로 개혁해야 할 때 등 위험에 맞서야 할 상황은 반드시 찾아온다. 그때 당당하게 나서는 사람은 누구인지, 그런 상황에서 자신의 리더는 어떤 입장을 취하는지 부하 직원은 항상 당신의 행동을 관찰하고 있다는 점을 잊지 말자.

죽느냐 죽이느냐,
진검승부의 세계

제4차 산업혁명이라고 불리는 인공지능이나 사물인터넷Internet of Things(사물에 센서를 부착해 실시간으로 데이터를 인터넷으로 주고받는 기술이나 환경) 등의 기술 혁신은 자율주행자동차나 로봇 등 새로운 창조 산업을 만들어냈다. 막대한 부를 불러올 이런 혁신적인 기술 기반 산업들은 위험을 회피하는 성향이 강한 대기업보다는 적극적으로 문제와 부딪쳐서 해결해나가는 대학의 연구실이나 벤처기업에서 시작되는 경우가 많다. 그래서 해외 대기업에서는 오픈 이노베이션Open Innovation(기업에 필요한 기술과 아이디어를 외부에서 조달하는 한편, 내부 자원을 외부와 공유하면서 새로운 제품이나 서비스를 만들어내는 것)을 활용하여 벤처기업과 어떻게 협업해나가는지가 중요한 과제로 자리 잡았다.

하지만 일본의 기업들은 아직 벤처기업의 평등하고 자유로운 분위기를 이해하지 못하고 있다. 한번은 스타트업 회사와의 미팅에 참석할 기회가 있었는데, 교섭 테이블에 앉은 대기업 측은 부장 이하 소속 직원들 서너 명 정도가 한여름인데도 넥타이까지 갖춰 매고 있었다. 잠시 후 스타트업 측은 20대로 보이는 한 청년이 반바지에 티셔츠, 샌들을 신고 한 손에 아이스라테를 든 모습으로 나타나 "안녕하세요!"라고 인사했다. 그 순간 대기업 쪽에서 '이 녀석이 우리를 뭘로 보는 거야?'하는 냉랭한 분위기가 감돌았다. 심지어 명함을 교환할 때에도 "급한 연락은 라인LINE이나 SNS가 편하니까 계정을 가르쳐주세요"라는 청년의 말에 모두가 황당한 표정을 지으며 고개를 저었다.

사실 이 20대 청년은 대단한 인물이었다. 프로젝트의 규모에 따라 다르지만 100억 원 단위의 프로젝트도 혼자 결정했다. 여기까지는 괜찮고 그 이상은 안 된다는 식의 가이드라인도 모두 대기업을 상대로 그 자리에서 자신이 직접 판단했다.

그러나 대기업 쪽은 부장마저도 무엇 하나 그 자리에서 결정을 내리지 못했다. 업무의 속도감이 전혀 달라 대화가 되지 않았다. 스스로 위험을 무릅쓰고 결단을 내리는 사람과 대기업처럼 책임지는 일을 회피하면서 신중하게 의사결정을 하는 조직은 엄청난 차이가 난다.

비즈니스 세계에는 겉보기에 그럴듯하게 일하는 '표면적 세계'와 죽느냐 죽이느냐 하는 각오로 수단과 방법을 가리지 않고 진검승부를 펼치는 '내면의 세계'가 공존한다. 표면적 세계에서는 똑똑한 지능이 필요한 브라이트사이드 스킬 계열이 활약한다. 반면 내면의 세계에서는 인간관계를 리드하는 능력이나 문제가 발생했을 때의 대응 능력 같은 다크사이드 스킬이 활약한다.

리더의 각오를 시험당하는 상황은 평상시가 아니라 유사시다. 시험대에 올라설 것인가, 아니면 피할 것인가를 선택해야 한다. 평소에 위험을 회피하다 보면 중요한 순간에도 결정을 내리지 못하는 겁쟁이가 된다. 앞에서도 설명했지만 조직의 구조나 사람의 마음을 움직이려면 그에 걸맞는 각오가 필요하다.

위험을 무릅쓰고
실패도 버텨야 하는 때가 온다

굳게 마음을 먹고 구조나 전략을 본격적으로 바꾸려 시도할 때, 처음에는 기존의 관습을 유지하려는 관성의 법칙 때문에 일시적으로 성과가 낮아질 수 있다. 예를 들어 회사의 새로운 방침에 따라 지금까지 지역별로 나누었던 영업조직을 업계별로 재편하려 하면 임원들이 새로운 업무를 익히고 익숙해지는 과정을 겪게 되면서 당분간은 실적이 나빠질 수도 있다. 그러면 현장 역시 혼란에 빠져 "원래 방식이 나은 거 아냐?"라고 불평이 나온다. 이것은 관성의 법칙에 따른 현장의 저항이다. 지레 겁을 먹거나 수치가 나빠졌다고 해서 바로 원래의 방식으로 돌아가버리면 시도하려던 방침을 제대로 평가할 수 없을 뿐더러 리더로서도 자격이 없다.

아무리 반발이 강하고 압박감이 심해도 예상한 만큼의 성과가 나올 때까지 인내해야 한다. 신념을 가지고 포기하지 않으면 언젠가 흐름이 바뀌는 순간이 찾아올 테니 그때까지 이를 악물고 견뎌야 한다. 당연히 경영진으로부터 "예상과 다르잖아. 어떻게 된 거야?" 하는 비난이 날아오고, 현장에서는 "역시 원래 방식으로 돌아가는 게 좋지 않을까요?"라며 반발하겠지만 이 모든 저항을 이겨내야 한다. 이것도 일종의 시험대이기 때문이다.

물론 위험을 무릅쓴다는 것은 보람이 큰 만큼 패배할 확률도 크다는 것을 의미한다. 축구에 비유하면 공격에 집중할 때 골문 앞이 비어 기습공격을 당할 확률이 높아지는 것과 마찬가지다.

실제로 위험을 무릅쓰고 적극적으로 승부에 나섰다가 패배를 맛본 사람들도 많았다. 그런 사람들을 직접 경험하면서 솔직히 마음속으로 '아, 이 사람은 이제 끝났군'이라고 생각한 적도 있다. 그러나 몇 년 뒤에 다시 주요 인사로 돌아오는 경우도 많았다. 단기적으로는 자신이 저지른 일에 책임을 지기 위해 한직으로 물러나더라도, 몇 년 뒤에는 다시 요직으로 복귀하게 되는, 신기하면서도 건전한 부메랑 작용인 셈이다.

나는 이것이 대기업에 감추어진 장점이라고 생각한다. 이 부메랑 작용을 믿는다면 부디 적극적으로 도전하고 패배에 겁먹지 않기를 바란다. 안타깝게 실패해서 좌천이 된다고 해도 반드시 기회는 돌아올 테니 그때를 기다리면 된다. 지금은 거친 경험이 높은 평가를 받는 시대다. 그러니까 그런 상황에 놓이더라도 포기하지 말고 흐름이 바뀌는 순간을 기다리자.

도요타 자동차의 전 회장인 오쿠다 히로시奧田碩는 대담한 언변과 직선적인 성격 때문에 대기업 문화에 적응하지 못하고 사실상 좌천되어 40대의 나이에 필리핀으로 발령을 받았다. 하지만 그곳에서도 그는 절대 끝이라고 생각하지 않았다. 경력을 포기하지 않고 여러 사업을 벌이면서 꾸준히 돌아올 기회를 엿보았기 때문에 결국 다시 본사로 돌아올 수 있었다.

기회가 어디에서 떠돌고 있는가는 아무도 알 수 없다. 좌천되었다고 생각했던 곳이 도리어 떠오르는 신흥시장일 수도 있다. 힘든 과제가 주어지더라도 흔들리지 않고 성실하게 맞선다면 알아채지 못하는 사이에 흐름이 내 편으로 바뀌어 상상하지 못했던 멋진 결과를 얻어낼 수도 있다.

오히려 위험을 회피하거나 실패를 경험하려 하지 않고, 흠이 잡히지 않는 것에만 신경 쓰면서 살아남은 사람은 설사 윗자리까지 올라간다고 해도 사람들을 이끌어 강한 팀을 만들기 어렵다. 그들에게는 근본적으로 리더의 자격이 없다.

7장

철저히 이용하고
기꺼이 이용당하라

마음을 하나로 모아야
큰일을 해낼 수 있다

만반의 준비를 해놓고 때를 기다리다가 기회가 왔을 때 위험을 무릅쓰고 도전해야 한다고 아무리 열심히 주장해도 조직은 꿈쩍하지 않는데, 심지어 리더가 갑자기 개혁을 하자고 주장하면서 하루아침에 조직의 변화를 바라는 것은 매우 어려운 일이다. 회사가 크고 역사가 깊을수록 현 상태를 유지하려는 관성도 커서 변화를 향해 마음을 모으기가 쉽지 않기 때문이다. 오너 경영자가 그런다면 모를까, 부장급 인사가 "개혁하자!"라며 아무리 의욕 넘치게 나와도 주변 사람들은 코웃음만 칠 뿐이다.

그러나 보수적인 대기업에서도 가끔 변화의 창문이 열릴 때가 있다. 창문이 열린다는 것은 그때까지 작동하고 있던 관성이 그대로 유지될 수 없을 정도로 외부나 내부 환경이 변화하고 있다는 것을 의미한다. 예를 들어 리먼 사태 같은 커다란 환경의 변화가 발생한 순간과 같은 유사시에 일어난다. 잔잔하던 흐름이 바뀌어 창문이 열리는 이 순간이야말로 역사가 깊고 거대한 회사도 대담한 개혁을 시도할 수 있는 흔치 않은 기회다.

그러나 변화의 창문은 금세 닫혀버려서 언제든 개혁을 추진할 수 있는 순발력이 갖추어져 있지 않으면 기회를 놓치기 십상이다. 그래서 평소에 기회를 노리면서 티나지 않게 노력을 쌓아놓아야 한다. 그중 하나가 앞에서 설명한 인맥 신경회로 구축이다.

평소 사내에 심어둔 신경회로에 자신의 의견이나 가치관을 지속적으로 공유하고, 이에 공감하는 사람들을 모아 목소리를 만들어두어야 한다. 그래야 변화의 창문이 열리는 순간을 놓치지 않고, 기다렸다는 듯이 즉각 대담하게 행동에 옮길 수 있다.

평소에 전혀 그런 말을 하지 않던 사람이 갑자기 "지금이야말로 기회다!"라고 말하면 선뜻 그 말에 동의하는 사람을 찾기 어렵다. 기다리고 있던 창문이 드디어 열렸는데 그제서야 자신의 생각을 설명하고 납득시키려고 하면 많은 시간이 걸리고, 공감한 사람이 모이기 시작할 무렵에는 이미 창문이 닫혀 있을 것이다. 그렇기 때문에 평소에 틈이 날 때마다 자신이 오랫동안 구상해왔던 가치관이나 개혁의 방향성을 공유하는 동료들을 한 명이라도 많이 포섭해두어야 한다.

위기감을 공유하는
동료가 있는가

　　대부분의 사람들은 회사에 불만이 있더라도 회식 자리에서 무능력한 상사를 험담하거나 잘못된 방향으로 가고 있는 회사의 경영 방침을 비판하는 것에서 사고가 그친다. 그러나 평소에 자신이 놓인 상황을 냉정하게 돌아보고 해야 할 일에 대해 끊임없이 생각해온 사람은 무엇을 해야 자신이 속한 부서에 이득이 되고 회사 전체에 도움이 될지 양쪽 모두의 이익을 가늠하면서 자신이 나아가야 할 방향을 전망한다.

　　예를 들어 텔레비전을 만들어 판매하던 전자기기 제조회사가 이제는 텔레비전 판매에 그치지 않고 사물인터넷을 활용해 보다 큰 이익을 올릴 수 있는, 이른바 서비스과금모델로 전략을 바꾸기로 했다. 이는 단순한 경영 방침의 문제를 넘어 회사의 구조 자체가 판이하게 달라지는 일이다.

　　분야에 따라서 사업의 일부를 버린다는 각오가 필요할 정도로 거대한 변화이기 때문에 개혁을 쉽게 결정할 수 없을 것이다. 특히 10년 후에는 회사에 남아 있지 않을 현재의 경영진들은 상상조차 할 수 없는 세계관이다. 그렇기 때문에 지금과 같은 방식으로는 10~20년 뒤에 회사가 살아남을 수 없다는 절체절명의 위기감을 느끼고 있는 리더들이 충분한 시간을 들여 변화를 준비해야 한다.

이런 거대한 변화를 이끌기 위해서는 핵심 인물들이 수시로 모여서 비밀리에 토론을 통하여 조금씩 목소리를 형성해나가야 한다. 조직 이곳저곳에 존재하는, 그야말로 신경회로 같은 개혁파 리더들이 함께 변화의 창문이 열리는 순간을 기다리는 것이다. "로마는 하루아침에 이루어지지 않았다"라는 말처럼 10~20년 후에도 회사에 남아 있을 리더들이 중심이 되어 평소에 끊임없이 회사의 개혁을 준비해두는 것이다. 그래야 예상하지 못한 갑작스러운 요인으로 창문이 열렸을 때 조직의 변화를 이끌어낼 수 있다.

아직 목소리를 만들지 못하고 위기감만 느끼고 있다면 "이대로 가면 위험해집니다" "이런 방향으로도 생각해볼 수 있습니다"라고 꾸준히 말을 꺼내보는 것도 개혁의 뿌리를 다질 수 있는 방법이다. 나와 비슷한 생각을 하고 있는 사람을 찾는 데도 도움이 될 것이고, 틈이 날 때마다 그런 제안을 올리면, 회사 내부에 점차 경각심을 가지자는 분위기가 형성된다.

물론 처음에는 "갑자기 무슨 소리야?"라고 무시당할 수 있겠지만, 매년 여기저기에서 "이대로는 위험합니다"라고 말하기 시작하면 우리만 뒤처지고 있는 게 아닐까 하는 불안이 빠르게 전염될 것이다. 회사 내에 개혁의 필요성을 느끼는 목소리가 퍼져 곧 모두가 "이대로는 위험해"라고 외치게 될 것이다. 마치 자신이 가장 먼저 회사를 걱정해왔던 것처럼 말할지도 모른다.

개혁을 이끄는 입장에서 그런 상황이 벌어지면 성공이다. 구성원 모두가 자기 의견이라고 여길수록 앞장서서 변화를 일으키기 위해 움직이기 때문이다. 이것이야말로 뒤에서 사람을 은밀하게 움직이는 리더의 다크사이드 스킬이다.

그전까지는 아무도 진지하게 개혁을 입에 올리지 않았어도 어느 순간이 지나면 경영진부터 "여기서 안주해서는 안 돼" "이런 점은 이렇게 바꿔야 해"라고 다그치기 시작한다. 무게를 견디지 못한 시소가 튀어 오르듯이 관성의 방향이 바뀌는 것이다. 오래전부터 변화를 제안해왔던 사람들은 속이 시원해지는 기분을 느끼게 될 것이다. 그런 순간이 찾아올 때까지는 끊임없이 사람들을 모으고 설득하는 리더가 되어야 한다.

창문이 언제 열릴지는 알 수 없지만, 어떤 회사든 반드시 그 순간을 맞이하게 될 것이다. 단 그 순간은 아주 짧아서 면밀하게 지켜보지 않으면 흐름을 알아채기 어려울 것이다. 그 기회를 놓치면 다시 강력한 관성이 작용하는 대기업의 벽 안에 갇혀버리기 때문에 모두 숨을 죽이고 목소리를 만들면서 때를 기다려야 한다.

모든 정보가
당신을 통하게 하라

중간관리자급 리더는 경영진을 직접 상대하거나 현장의 직원들과 직접 대화를 나눌 수 있는 위치에 있다. 즉, 양쪽 모두와 편하고 자유롭게 대화를 나눌 수 있다. 바꾸어 말하자면 경영진과 부하 직원이 리더를 접점으로 소통하는 관계인 셈이다.

그런데 이런 구조에서도 사람은 자연스럽게 자기보다 유리한 입장인 사람을 관찰하는 버릇을 보인다. 생각해보면 동료들과의 술자리에서 안주 삼는 대상은 대부분 평소 자신이 유심히 지켜보던 상사일 때가 많다. 반면 상사는 한 명이지만 부하 직원은 여럿이라서 윗사람이 아랫사람을 유심히 관찰하는 경우는 드물다. 그래서 우리 주변에서도 상사와 부하 직원 사이에 '정보의 비대칭성'이 흔하게 나타난다.

경영진과 팀의 리더 사이에 존재하는 정보의 불균형을 어떻게 활용해야 하는지에 대해서는 앞서 한 차례 설명했다. 경영진과 부하 직원, 양쪽 모두에게 1차 정보를 받을 수 있지만 사실 리더가 현장을 샅샅이 살펴보지는 못한다. 자신은 완전한 정보를 갖고 있다고 생각하지만 사실 극히 일부에 불과할 때도 있다. 팀의 리더인 당신이 상사에게 보고할 때도 선별한 정보를 전달하는 것과 마찬가지로, 당신의 부하 직원도 당신에게 의식적으로 또는 무의식적으로 정보를 가려서 보고한다.

모든 관계에서는 정보의 비대칭성이 존재한다. 그렇다면 어떻게 해야 표면에 드러나지 않는 정보들, 다시 말해 당신에게 전달되지 못할 예정이었던 정보들까지 최대한 얻어낼 수 있을까?

우선, 정보는 기다린다고 저절로 굴러들어오지 않으므로 자신이 직접 정보를 찾아 나서야 한다. 직원 입장에서는 묻지도 않은 내용을 일일이 보고해야 한다고 생각하지 않을 뿐더러, 하물며 자신에게 불리한 정보라면 당연히 숨기고 싶을 것이다. 또한 현장에서 올라오는 1차 정보 중에서 직원들은 그 중요성을 채 인식하지 못하는 경우도 비일비재하다. 그래서 리더들은 위에서 내려오는 정보만 중요하게 생각할 것이 아니라 아래에서 올라오는 정보들도 유심히 살피며 귀 기울여야 한다.

사무실 문을 활짝 열어놓고 할 말이 있으면 언제든지 찾아오라는 식의 '문호 개방 정책'을 활용하는 조직이나 리더도 더러 있지만, 이런 시도가 실제로 도움이 되었다는 사례는 들어본 적이 없다. 수동적으로 자리에 앉아 기다리기만 하는 리더에게는 죽은 정보만 들어올 뿐이다.

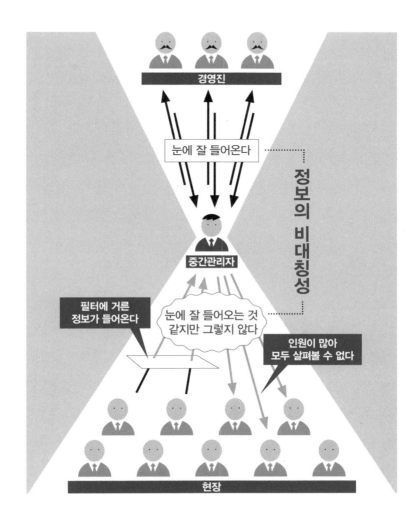

올바른 정답이 아니라
올바른 질문을 되풀이하라

어떻게 하면 부하 직원에게서 좋은 정보를 이끌어낼 수 있을까? 우선 부하 직원이 하는 '어떤 이야기라도' 잘 들을 수 있는 자세를 갖춰야 한다. 다시 말하지만, 상대적으로 경력이 적은 사람과 이야기를 하다 보면 시간도 없고 자신이 알고 있는 관련 지식이 이미 풍부하기 때문에 얼른 답을 알려줘버리고 싶은 충동을 느끼기 쉽다. 그래도 그런 마음을 억누르고 "그럼 어떤 방법이 좋을 것 같은가?"라고 먼저 질문을 던져봐야 한다. 부하 직원이 직접 생각을 통해 답을 찾아내게 만들면서 그가 가진 정보와 의견을 이끌어내는 것이다.

철저하게 '듣는 사람'의 입장에 서서 계속 질문을 이어나가는 방식은 효과적인 협상 기술 중 하나다. 올바른 정답을 말하기보다 올바른 질문을 던지는 것이 중요하다. 핵심을 찌르는 질문이 거듭될 때 직원의 입에서 지금까지 몰랐던 정보가 자연스럽게 흘러나온다. 그것이야말로 현장의 진짜 목소리라고 할 수 있다.

약간 다른 이야기지만, 질문을 던지는 기술을 유용하게 사용할 수 있는 방법이 있다. 목소리가 큰 사람과 논쟁을 하다 보면 분명 상대방이 틀렸는데도 내 의견을 주장하기 쉽지 않을 때가 있다. 그럴 때는 계속 질문을 던져서 상대방이 알아서 자신의 논리에 모순을 일으키게 만들어야 한다. "응? 아까는 이렇게 말하지 않았나?"라고 잘못을 짚어주면 상대방도 자신의 논리에 문제가 있다는 사실을 깨닫게 된다. 불필요한 싸움을 피하기 위해서라도 더더욱 효과적인 질문 능력이 중요하다.

직원의 입을 빌려
사각지대를 없애라

평소에 자유롭게 말할 수 있는 환경을 만들어두면 부하 직원에게 정보를 얻기가 쉬워진다. 상사에게 아부를 하는 대신, 어떤 이야기든 나올 수 있는 분위기를 만들기 위해서는 상사가 자기 할 말만 늘어놓지 않고 듣는 역할에 충실한 소통 구조가 준비돼야 한다.

예를 들어 부하 직원과 일대일 면담을 할 때 평소 당신에 대해 생각해왔던 불만을 부담 없이 털어놓을 수 있는지 생각해보자. 조금의 주저함 없이 "부장님, 이 부분은 신경을 쓰셔야 할 것 같습니다"라고 진심으로 말할 수 있는 관계를 만들고 이어나갈 수 있다면 매우 이상적이다.

앞서 설명한 조하리의 창 중 맹점의 창, 즉 '자신은 모르는 나'를 알고 싶다면 다른 사람의 조언, 그중에서도 부정적인 조언에 귀 기울여야 한다. 자신의 장점과 연결되는 긍정적인 조언, 아부에 가까운 칭찬은 듣기에 좋을지 모르지만 장기적으로는 아무런 도움도 되지 못한다. 부하 직원일 때에는 상사로부터 부정적인 조언을 들을 기회가 많았지만 어느 정도 지위가 올라가 상사의 입장이 되면 다른 사람에게서 실수를 지적받거나 혼이 나는 상황은 거의 발생하지 않는다. 그래서 더더욱 끈기 있게 질문을 되풀이해야 한다.

부하 직원의 입장에서는 상사를 앞에 두고 불만을 이야기하기가 쉽지 않다. 험담으로 받아들이면 난처해지기 때문에 처음에는 좋은 말만 늘어놓는다. 그러나 그런 입바른 소리는 무시하고 계속 질문을 던지면 부하 직원이 결국 숨겨진 진심을 이야기하기 시작한다. "사실은 이런 점이 좀 불편합니다"라는 말을 하게 되면 성공이다. 좀처럼 들을 수 없는 부하 직원의 진심을 이끌어내고, 리더가 그것을 스스로 고치려고 노력하는 모습을 보인다면 언젠가 부하 직원도 '이 사람에게는 솔직하게 이야기할 수 있어'라고 생각할 것이다. 그런 경험이 쌓이면 분위기에 맞지 않는 발언도 자유롭게 할 수 있는 구조가 만들어진다.

하지만 직원에게서 자신도 미처 깨닫지 못하고 있던 단점을 지적받는 일은 사실 꽤 스트레스가 쌓이는 작업이다. '나는 노력한다고 했는데 그런 식으로 생각하고 있었나?'라는 생각에 맥이 빠질 수도 있다. 그러나 기회를 만들어 묻지 않았다면 앞으로도 쭉 자신의 문제가 무엇인지 모르는 사람으로 남았을 것이다. 이런 과정을 거치면 리더는 자신의 가장 확실한 단점이 무엇인지 알아내고 극복할 수 있다. 부정적인 조언이야말로 귀하고 값진 보물이다.

물론 부하 직원이 구름 위의 존재 같은 상사를 상대로 의견을 나누면서 어설픈 이야기는 꺼내지 않을 것이다. 자연히 지금 조직이 맞닥뜨린 상황과 해결해야 할 과제, 본인이 나름대로 생각해본 개선책 등을 논의하게 된다. 심리적인 장벽 없이 부하 직원의 발언을 있는 그대로 받아들이는 상사와, 생각을 그대로 표현할 수 있는 직원이 한 명이라도 늘어난다면 그 조직은 확실히 전보다 강해질 수 있다.

상사의 그릇은 부하 직원의 다양성을 보면 가늠할 수 있다. 팀 안에 상사의 말을 거스르지 않고 모두 따르기만 하는 직원밖에 없다면, 그 팀은 상사의 능력 그 이상의 목표치를 달성할 수 없다. 하나의 주제에 대해서 비슷한 대답을 내놓는 직원밖에 없다면 그 팀에서는 새로운 발상이 나올 수 없다.

하고 싶은 말을 눈치 보지 않고 자유롭게 하면서 때로는 상사와 부딪치는 상황도 두려워하지 않는 부하 직원의 관계는 매우 중요하다. 스스로 깨닫고 행동할 수 있는 직원이 있다면 상사는 자신의 능력치 이상의 팀을 만들 수 있다. 팀에 그런 직원이 얼마나 많은지에 따라 상사의 리더십이 결정된다고 말해도 지나치지 않는다. 부하 직원은 곧 리더의 거울이다.

업무 시간의 70퍼센트는
부하 직원의 것

실제로 부하 직원들의 불만을 종합해보면 결국 '우리에게 더 시간을 할애해달라'는 목소리가 많다. 직원들은 항상 상사의 관심을 바라고, '나를 지켜봐달라'라고 생각한다.

그들의 기대를 채우기 위해 업무 시간 중 70퍼센트는 부하 직원을 위해 사용하겠다는 마음가짐이 필요하다. 보고서 작성이나 자신의 업무에 할애하는 시간은 30퍼센트 정도로 하고, 그 외 시간은 모두 직원들과 소통하고 상황을 돌보기로 마음먹어야 한다. 그렇게 해도 실제로는 절반 정도밖에 사용하지 못할 것이다. 그렇다고 처음부터 50퍼센트 정도의 시간만 할당해두면 실제로 직원들에게 들이는 시간은 20~30퍼센트에 불과할 것이다. 그 정도로는 절대 직원들의 불만을 해소할 수 없다.

회식 자리의 화제는 대부분 상사에 대한 험담이다. 당사자는 절대 들을 수 없는 곳에서 "부장님은 늘 말은 그렇게 하지만 행동은 전혀 딴판이야"라는 이야기들이 흘러나온다. 부장이 직접 불평을 들을 수만 있다면 상사와 부하 직원의 관계는 극적으로 달라질 것이다. 이런 불평을 일대일 면담에서 끌어내려는 것이 이 장의 목적이다.

심리적으로는 70퍼센트, 실제로는 50퍼센트의 시간을 부하 직원을 위해 사용한다면 '우리 팀장님은 그래도 나에게 신경을 써주고 있어'라는 신뢰감이 생긴다. 이는 중요한 순간에 당신의 손발이 되어주는 믿음직한 부하 직원을 만들어준다. 즉, 직원을 위해 사용한다고 생각하는 70퍼센트의 시간이 실제로는 나 자신의 목적을 달성하기 위해 사용하는 시간인 것이다.

예를 들어 성공적인 인사관리제도를 가진 기업으로 잘 알려진 GEGeneral Electric의 사례를 참고할 수 있다. GE에서는 2년마다 업종을 바꿀 수 있는 직업전망시스템이 있다. 직원들은 이 시스템을 통해 본인이 가고 싶은 부서를 결정할 수 있고, 팀장은 이를 제지할 권한이 없다. 궁극적으로 어느 부서의 어떤 직원이 인정받으며 일하고 있는지, 부하 직원을 제대로 통솔하지 못하는 상사가 누구인지 모두에게 드러나는 구조다. 부하 직원이 모두 다른 팀으로 옮겨가서 아무도 남지 않은 부서의 장은 리더의 자격을 박탈당한다.

좋은 상사에게서 교육받은 부하 직원은 자연히 다른 부서에 가서도 두각을 나타낸다. 직원들은 나름대로 어떤 상사가 배울 점이 많은지 서로 정보를 교환한다. 상사들끼리도 직원에 대한 정보를 끊임없이 교환하면서 의견을 나눈다. 좋은 의미에서, 조직의 상부와 하부가 서로 대항하며 경쟁하는 구조가 GE만의 특별한 매력이다.

집착하지 않으면
리더가 될 수 없다

일상에서도 치열한 물밑 작전을 펼치고 있는 사람들은 위로 진급할수록 고독해진다. 같은 목적을 향해서 일하는 동료는 있어도, 회사에서의 인간관계는 메말라 있는 상태다. 이들에게 회사 동료는 학창시절의 친구처럼 끈끈한 관계가 아니다. 부하직원일 때에는 즐거웠던 점심시간도 이제는 단지 식사 시간으로서의 의미만 남아 형식적인 자리가 된다. 그러나 리더에게는 그런 절제와 긴장감도 필요하다.

강력한 리더 중에는 특이한 사람이 많다. 무엇이든 할 수 있는 만능형이라는 의미가 아니라, 특정 부분에 강한 집착을 보이는 경우가 많다는 뜻이다. '이렇게 됐으면 좋겠다'는 식의 가벼운 바람이 아니라 '누가 뭐라고 하든 반드시 이뤄내고 말겠다'는 집념을 가지고 있다.

이것은 좋은 리더가 되는 데 중요한 요건이다. 가뜩이나 저항 세력이 많은 상황에서 목표를 끝까지 완수하겠다는 집념이 없으면 개혁은 쉽게 수포로 돌아가버린다. 자신이 이루고 싶은 것이 무엇인지, 그 목표에 집착하고 있는지를 끊임없이 살피려는 또렷하고 강인한 집념을 갖추지 않으면 개혁을 이끄는 리더가 될 수 없다.

한 번도 집착해본 적이 없고, 자신은 그런 유형의 사람이 아니라고 생각한다면 애초에 두렵지만 존경받는 리더가 되겠다는 목표는 버려야 한다. 일하는 방식이 다채로워진 지금, 예전처럼 평생 직장을 목표로 모두가 경영자가 되겠다며 달리는 시대는 끝났다. 원하는 방식에 따라 기술자가 될 수도, 리더의 참모가 될 수도 있다. 꼭 리더가 아니더라도 우리가 회사에서 선택할 수 있는 역할은 얼마든지 열려 있다.

결국은
인간력이 승부를 가른다

과거의 리더십은 지위로부터 오는 권력이었다. 사장이나 부장 같은 직함에서 오는 무게가 있어서, 사람 자체보다 직함을 따르는 경향이 있었다. 그러나 지금은 지위만으로는 부하 직원들을 진심으로 따르게 할 수 없다. 휴먼 파워Human Power, 즉 리더의 인간력이 회사에서의 승부를 가른다.

직함만으로 움직이는 경영 전략은 공포정치로 흐르기 쉽다. 그러나 공포정치는 오래 유지될 수 없다는 사실을 역사가 증명하고 있다. 반드시 어딘가에서는 저항 세력이 나타난다. 직함에만 의지해서 일해온 사람은 직함을 잃는 순간 모든 것을 잃게 된다.

상사가 "오늘 한잔하러 갈까?"라고 제안했는데 부하 직원이 "야근수당은 나오나요?"라고 되묻는다면, 냉정하지만 그 상사는 인간적으로 함께 술을 마실 의미가 없는 사람이라는 뜻이다. 즉, 직함이 없다면 외면당하는 사람이다. 적어도 부하 직원이 '이 사람의 이야기는 배울 점이 많아' '이 사람과 함께 시간을 보내는 건 확실히 도움이 돼'라고 생각한다면 매번 거절할 리가 없다. 직급을 남용해서 강제로 말을 듣게 하는 것이 아니라 '이 사람이라면 믿고 따를 수 있어'라고 생각하게 만드는 인간력을 갖추어야 한다. 그리고 그런 힘은 평소의 말과 행동이 쌓이면서 천천히 형성된다.

리더십은 처음부터 타고나는 재능이 아니다. 자신의 장단점을 확실하게 인식한 사람이 스스로 빠지기 쉬운 함정은 피하고 직원들과 자유로운 소통을 해나가다 보면 어느새 자연스럽게 리더십을 발휘하게 된다. '리더십'이라는 한마디로 표현하기는 하지만, 그 방식은 사람에 따라 천차만별이기 때문에 다른 사람의 방식을 흉내 내는 것은 의미가 없다. 자신의 성향에 적합한 자기 나름의 방식을 찾아 개발해나가야 한다.

당신은 어떤 가치를 소중하게 여기며 어떤 기준을 가지고 어떤 방향으로 나아가려 하는가? 결국 자신은 어떤 사람인지, 궁극적으로 무엇을 실현하고 싶은지에서부터 거꾸로 따져나가는 것이 다크 사이드 스킬을 구사하는 진정한 리더십이다. 모든 사람에게 통하는 절대적인 해답은 없다. 결국 모두가 자신에게 맞는 방법을 스스로 찾아내야만 한다.

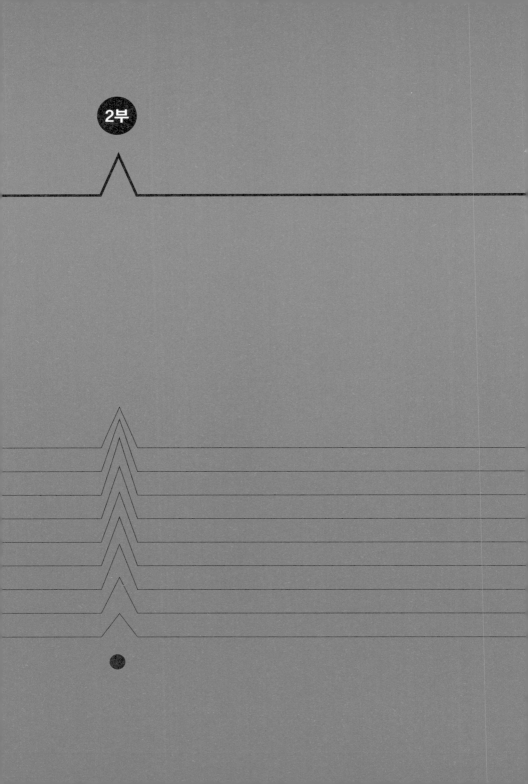

2부

결정적 순간에 위기를
돌파하는 리더의 승부수

언제나 변화에는 저항이 뒤따르기 마련이다. 그래서 리더가 7가지 다크사이드 스킬을 잘못

사용할 경우, 오히려 의도치 않게 조직의 신뢰를 잃을 수도 있다.

부하 직원을 따르게 하고 조직을 움직이기 위해서는 그 바탕에 리더의 강인한 신념과 흔들

리지 않는 가치관이 뒷받침되어야 한다. 조직이 나아가야 할 목표를 정립하고, 그 목표를

방해하는 모든 것은 과감히 쳐낼 줄 아는 리더의 용기와 신념이 조직원들의 마음을 하나로

모을 것이다. 2부에서는 리더다운 리더가 되기 위해 신념을 단단하게 만드는 마인드에 대

해 소개한다.

1장

언제든지
변화를 일으킬
태세를 갖춰라

승부를 걸어야 할 순간은
예기치 않게 찾아온다

　　　　　　로마의 정치가 율리우스 카이사르Julius Caesar는 "사람은 자기가 보고 싶은 현실만 본다"라고 말했다. 이처럼 누구나 주어진 환경에 순응하며 편하게 살고 싶은 욕망을 갖고 있다. 그러나 언제까지고 현실의 문제들을 외면하기만 한다면 몸과 마음은 편할지 모르겠지만, 더 멀리 앞으로 나아갈 수 없다. 언젠가는 분명 뒤처지고 말 것이다. 그래서 조직을 변화시킬 수 있는 결정적 열쇠를 가진 리더에게는 현실의 어두운 이면을 직시하여 언제나 객관성을 잃지 않는 분명한 주관과, 상황에 따라 이성적인 면과 감성적인 면을 적절하게 활용하여 직원들의 마음을 움직이는 힘이 요구된다.

　조직 안에서 어떠한 문제가 발생했고 이를 해결해야 할 때, 리더가 최우선적인 판단 기준으로 삼아야 할 것이 있다. 가장 객관적이고 논리적인 해답은 '경제적으로 합리적인 판단' 아래 나온다는 것이다. 예를 들어 더 이상 회복될 전망이 없는 사업이라는 결론을 내렸다면, 다른 부수적인 일들에 휘둘릴 필요 없이 최대한 빨리 매각을 하거나 처분하여 사업을 정리하는 방법을 찾아야 한다.

조직 내 구성원 모두가 침체되는 사업 부문에 대해 심각성을 공유하고 있어도 '선뜻 말할 수 없는 분위기'가 문제다. 다크사이드 스킬을 가진 리더라면 상사 및 직원들의 의견을 포착하여 가장 먼저 개혁을 외칠 수 있어야 한다.

무엇이 직원들의
입을 닫게 만드는가

어느 위태로운 상황에 처한 기업이 위기를 헤쳐나가기 위해 일부 사업을 처분하거나 공장의 문을 닫아야겠다는 결정을 내렸다. 모든 직원들 역시 문제가 되는 사업이나 공장이 어디인지 이미 감지한 상태였다. 이런 상황이 오래 지속되어왔지만 모두 자신에게 책임이 돌아올까 두려워 말을 꺼내지 못했다. 그렇게 구성원 모두가 우물쭈물하는 사이 회사의 상황은 손쓸 수 없이 악화되었다.

지금도 대부분의 기업들이 이와 같은 문제를 겪고 있다. 긴급한 일이 아니라면 보고 싶지 않은 현실에서 눈을 돌리고 외면해왔다. 이것은 조직의 리더가 가장 먼저 해결해야 할 문제다.

조직원들은 왜 위기의 상황에 대해 말을 꺼낼 수 없을까? 자기를 방어하고자 하는 본능적인 마음 때문이다. 암암리에 퍼져 있던 문젯거리를 지적한 순간, "그럼 자네가 맡아서 처리해보게"라며 곧바로 자신에게 화살이 날아올 수 있다. 특히 직급이 높아질수록 실패했을 때 감당해야 할 책임도 커지기 때문에 '내가 속한 부서의 일도 아닌데, 굳이 내가 책임을 질 필요는 없지'라고 생각하며 입을 다물어버린다. 모두가 뒤에서는 "이렇게 가다가는 곧 큰일이 날 거야"라고 수군대지만, 회의 자리나 공식석상에서는 아무도 이야기를 꺼내지 않는다.

글로벌 대기업의 중간관리자 수십 명과 연수를 갔을 때의 이야기다. 오전에는 몇 명씩 팀을 나누어 회사의 5년 후와 10년 후를 대비해 어떤 변화가 필요할지 토론을 하고, 오후에 그 내용을 사장 이하 경영진이 참석하는 자리에서 발표하기로 했다. 여기에서 흥미로웠던 점은 오전에 논의한 내용과 오후에 발표한 내용이 전혀 달랐다는 사실이다.

중간관리자들끼리 모여 토론을 할 때는 열띤 논쟁이 벌어졌지만, 막상 경영진 앞에서는 모두가 듣기 좋은 말만 늘어놨다. 아무리 "오늘은 서로 자유롭게 이야기하는 자리니까 계급장 떼고 제로베이스에서 얘기해보시죠"라고 말해도 전혀 나아지지 않았다. 다행히 그때 눈치를 보지 않는 한 외국인 직원이 주제를 제시하면서 토론의 물꼬가 트이기 시작했다. 하지만 그럼에도 다른 관리자들은 서로의 표정만 살피면서 아무도 의견을 보태지 않았고, 결국 토론 자리는 그 상태에서 유야무야 끝나고 말았다.

문제를 수면 위로 끌어올리지 않으면 조직에 변화는 일어나지 않는다. 리더들이 앞장서서 이제껏 피해왔던 현실을 정면으로 바라보고 "이것이 문제였습니다"라고 목소리를 낼 수 있어야 한다. 이렇게 듣기에는 간단한 행동이 실제로 나타나기 어려운 이유는 서로의 눈치를 살피느라 의견 내기를 알게 모르게 회피했기 때문이다. 그러니 조직의 경직된 분위기를 깨기 위해 평상시에 하지 않던 발언을 경영진 앞에서 갑자기 꺼내기란 정말로 어려운 일이다.

평상시에 변화가 필요하다고 생각하는 부분에 대해 지속적으로 직원들과 의견을 나눠야 한다. 준비가 되지 않은 상태에서는 결정권을 가진 경영진들이 한자리에 모여 앉은 흔치 않은 기회가 주어져도 시간 낭비만 할 뿐 생산적인 토론이 진행되지 않는다. 지나치게 분위기를 의식해서 있으나 마나 한 공기 같은 존재로 인식되기보다는, 진심으로 조직을 우려하는 발언을 입 밖으로 낼 수 있는 용기가 필요하다.

일을 미루는 사람은
리더가 되어도 변하지 않는다

주식시장에서 통용되는 말로 "아직은 이미다"라는 표현이 있다. '아직 더 올라가겠지(또는 내려가겠지)'라고 생각할 때는 '이미 상황이 달라져 있다'는 뜻으로, 결단을 미루면 금세 타이밍을 놓쳐버린다는 말이다. 주식뿐만 아니라 어떤 사소한 문제일지라도 미루지 않고 그 자리에서 결정을 내릴 수 있어야 한다. 특히 당장 상사에게 보고해야 할 문제라면 더더욱 즉시 실천에 옮겨야 문제를 키우지 않고 미연에 방지할 수 있다.

매일 작은 의사결정을 꼼꼼하게 처리하는 습관이 중요한 이유는 또 있다. 바로 결단을 내릴 수 없는 리더는 2000년 초반의 닷컴 버블 붕괴나 2008년 리먼 사태처럼 변화의 창문이 열린 짧은 시기에 기회를 포착할 순발력을 기를 수 없기 때문이다. 개혁을 이룰 수 있는 시기는 아주 짧으며, 바람이 그치면 기회는 사라져버린다. 창문이 닫히고 나서야 '그때 이렇게 했어야 했는데……'라고 후회해봤자 소용이 없다. 언제 또 올지 모를 다음 기회를 기다리는 수밖에 없다.

"난 아직 결정권이 없으니까" "내가 과장만 돼도 힘이 있을 텐데"라고 말하며 결정의 책임을 피하는 사람은 언젠가 부장이 되고,

임원이 되어도 결정을 내릴 수 없다. 상사와 부하 직원이라는 권력 구조 안에서만 지시를 내릴 수 있는 사람은 '상사'라는 직함이 없으면 사람을 움직일 수 없다. 직급에서 오는 힘이 없어도 누구나 결정을 내리거나 사람을 움직일 수 있다.

힘이 있는 직급으로 올라갈 때까지 결정을 미루지 말고, 지금 내가 할 수 있는 일부터 실천해보는 연습을 하라. 나를 둘러싼 상황은 급변하고 있는데 결정을 미루면서 끝까지 목표를 낮추지 않고 버티기만 한다면, 언젠가는 어쩔 수 없이 백기를 들어야 하는 상황에 부딪치고 말 것이다.

어느 경영기획부의 과장이 위기를 겪고 있는 한 사업부의 부서장으로 갑작스럽게 발령을 받은 사례가 있었다. 그는 경영기획부에 있을 때 줄곧 그 사업부를 비꼬면서 "언제까지 적자만 내려는 거야"라며 비난을 일삼았다. 그런데 해당 사업부로 옮기자마자 그렇게 수치에 냉정하던 사람이 "아직은 괜찮아"라며 갑자기 희망적인 태도로 돌변했다.

결국 그 사업부는 오래지 않아 정리되었지만, 마지막까지도 그 부서장은 '아직은 괜찮아'라는 태도를 무너뜨리지 않았다. 그는 위기를 헤쳐 나가려는 개혁 의지 대신 낙관적인 태도를 선택했고, 이 잘못된 결정이 자신을 결국 회사에서 퇴출시키는 결과를 불러왔다. 당시 그를 해당 사업부로 발령시킨 경영진은 그가 사업을 회복시켜

주기를 바랐을지도 모르지만, 정작 부서장은 자기방어로 위태로운 현실을 외면하고 말았다. 당장 해결해야 할 크고 작은 문제들을 솔직하게 바라보기가 두려웠던 것이다.

물론 실적이 나쁜 부서에서는 개인이 아무리 최선을 다해도 좋은 평가를 받기가 어렵다. 하지만 그렇다고 해서 지레 포기하고 앞으로 나아가려는 의지를 저버린다면 앞으로도 당신이 기다리던 '결정을 내릴 수 있는 권한'은 오지 않을 것이다.

언제든지
최전선에 설 수 있도록

마키아벨리는 『군주론』에서 군주의 가장 큰 관심은 '군사軍事(군대, 군비, 전쟁 따위와 같은 군에 관한 일)'라고 강조했다. 기업으로 비유하면 전쟁은 곧 현장에서 일어난다. 그래서 모든 리더에게는 현장의 흐름을 빼놓지 않고 파악하는 일이 중요하다.

부장 정도의 직급에 오르면 하루 일정의 대부분이 회의로 가득 차 있는데, 바로 여기서 문제가 발생한다. 위험한 상황인데도 그 심각성을 대놓고 드러내지 않고 적당히 포장해서 유야무야 넘어가려는 기업 문화 때문이다. 일반적으로 회의는 조직원들이 모여 각자의 문제를 공유하는 자리다. 그런데 의도와는 반대로 모두 함께 위기를 인식하고 나면 결과적으로 문제가 누구의 책임인지 모호해진다. 게다가 이상하게도 대기업일수록 이런 모호함을 지향한다.

리더의 하루를 예로 들어보자. 아침부터 저녁까지 다섯 번의 회의가 있었다면, 그중에서 리더가 이야기하는 시간은 총 몇 분이나 될까? 부하 직원의 보고를 듣고만 있다가 하루가 끝나버리는 경우도 많을 것이다.

과장 이상의 중간관리자는 부하 직원을 관리하는 시간이나 회의 시간이 점차 늘어나서 정작 자신의 업무를 처리할 시간을 많이 갖지 못한다. 게다가 앞에서 말한 것처럼 업무 시간의 70퍼센트는 부하 직원을 위해 사용해야 해서 자신을 위한 전쟁을 준비할 시간은 더더욱 짧아진다. 지금보다 생산성을 올리기는커녕 해야 할 업무를 처리하는 데 급급하다. 이것이 리더의 자리에 오른 사람들이 겪는 현실이다.

이렇듯 리더의 자리에 올라 실제로 전쟁을 준비하고 싸울 수 있는 시간은 극히 한정적이기 때문에, 언제든 현장이라는 최전선에서 싸울 수 있을 정도의 비즈니스 전투력을 길러둬야 한다. 바쁜 시간을 쪼개 현장에서 너무 멀어지지 않도록 신경 써야 한다.

예전에는 현장에서 올라오는 보고서에 도장만 찍어도 조직이 움직였다. 직급이 높은 사람은 회의에 참석하거나 거래처와 원만한 관계를 쌓는 역할만으로도 충분했던 것이다. 하지만 변화와 혁신을 눈앞에 두고 있는 지금의 조직에서는 그런 여유를 찾아볼 수 없다. 제 몫을 하는 리더가 되기 위해서는 직접 성과를 보이고 현장에서 올라오는 1차 정보를 파악해야 한다. 언제든 필요한 정보를 수집할 수 있는 인맥 신경회로를 준비해두지 않으면 결정적 순간에 무너질 수 있다.

2장

사람을 조종하는 리더의 3가지 능력

때로는 따뜻하게 때로는 냉철하게

나만의 군대를 만든다

앞서 1부에서는 무기력에 빠진 조직을 일으키기 위해 리더가 알아야 할 다크사이드 스킬에 대해 설명했다. 하지만 상사와 부하 직원을 장악하고 인맥 신경회로를 활용해 원하는 결과를 얻어낸다는 것은 결국 감정이 있는 생명체인 조직원들을 설득하고 움직일 수 있어야 한다는 뜻이다. 그렇다면 본격적으로 다크사이드 스킬을 실전에 도입하기 전에 사람의 마음을 얻어내려는 리더에게 필요한 자질에는 무엇이 있을까? 관성의 힘이 지배하는 조직에서 사람을 움직여 변화를 일으킬 수 있는 열쇠는 온전히 리더가 쥐고 있다. 그를 위해 리더가 명심해야 할 능력은 다음의 세 가지로 나눌 수 있다.

첫째, 이성과 감성을 적절하게 사용하는

커뮤니케이션 능력

다른 사람에게 이해와 공감을 끌어내기 위해서는 우선 상대방과의 깊은 커뮤니케이션이 이루어져야 한다. 앞서 리더라면 눈치를 보지 않는 직원을 지지하라고 강조했는데, 실제로는 자유롭게 발언하는 조직일수록 쉽게 오해가 발생하기도 한다. 그래서 토론은 자유롭게 진행하되 소통은 오히려 진지하게 이루어져야 한다. 말하지 않아도 서로 이해할 수 있도록 호흡을 맞춰나가는 방향이 아니라, 각자가 토론 분위기에 구애받지 않는다는 점을 인식해야 한다. 그런 와중에 직원 모두의 이야기를 정리하고 정확한 의도를 전달하는 것이 리더의 역할이다.

커뮤니케이션 능력에도 브라이트사이드와 다크사이드라는 양면이 존재한다. 브라이트사이드 스킬이란 어떤 문제를 논리적으로 생각해서 먼저 결론을 제시하고 근거를 나열하는 방식이다. 반면 다크사이드 스킬은 상대방이 처한 상황에 공감을 나타내면서 무릎을 맞대고 설득하는 방식이다. 전달하려는 내용에 따라 리더는 적절한 스킬을 선택해 구사해야 한다. 이 중 어느 한쪽만 부족해도 원하는 대로 사람을 움직일 수 없다.

예를 들어 어쩔 수 없이 구조조정을 해야 하는 상황이라면, 갑자기 "경영난으로 인해 다음 달에 공장을 폐쇄하기로 했습니다"라는 논리적인 두괄식 설명보다는 "지금 회사는 아주 어려운 상황에 처해 있습니다. 할 수 있는 모든 방법을 취하고 있지만 아무래도 공장을 폐쇄해야 할 것 같습니다. 진심으로 죄송합니다"라며 머리를 숙이는 방향을 택해야 현장의 직원들과 원만하게 대화를 진행할 수 있다.

반대로 상대방에게 문제를 지적할 때는 따뜻하게 설득하기보다 "자네에게 이런 문제가 있어. 이렇게 해야 고칠 수 있을 것 같아"라고 논리적으로 문제를 설명하는 쪽이 당사자를 이해시키기 쉽다.

물론 상하 관계에서는 진정한 커뮤니케이션이 이뤄지기가 쉽지 않다. 언제든 오해가 쌓일 수 있는 관계이기 때문이다. 하지만 이럴 때일수록 상황이나 상대방에 따라 세심하게 커뮤니케이션 방식을 선택해야 한다. 즉, 언제나 이성과 감성, 양쪽 측면을 구분해서 활용할 수 있도록 연습해야 한다.

둘째, 강약을 조절해
사람을 움직이는 인간력

두 번째로는 '인간력', 즉 사람 됨됨이를 보여야

한다. 실질적으로 부하 직원을 움직이는 데는 직급보다 인간력을 활용하는 것이 훨씬 효과적이고 오래 지속된다. 앞서 존경할 수 있는 리더야말로 진정한 리더라고 말한 것과 같은 맥락이다.

상대방에게 리더의 인간력을 보여줄 때에는 지나치게 가까이 다가가지 않는 것이 중요하다. 매일 만나는 조직원들과는 가끔 만나는 친구들보다도 쉽게 친밀한 사이가 되기도 한다. 그러나 리더가 직원들과의 거리감을 잘못 계산해서 너무 가까운 사이가 되면 강하게 치고나가야 할 때 직원을 이용할 수 없게 된다. 언제든 엄격하게 직원을 이끌거나 문제를 지적할 수 있을 정도의 적당한 거리감이 필요하다. 리더에게는 결정적 순간에 비장의 카드로 직원들에게 꺼내 보여줘야 할 냉정함이 필요하다. 그러나 너무 친밀한 사이가 된다면 냉정함의 카드는 즉시 효력을 잃게 된다.

예를 들어 부하 직원과 아주 즐거운 회식 자리를 가졌다고 하자. 다음 날 부하 직원이 "부장님, 어제는 재미있으셨죠? 다음 주에 또 자리를 만들어볼까요?"라고 말했을 때 흔쾌히 따라나선다면, 그 순간 비장의 카드는 사라져버린다. 결정적 순간에 냉정하게 부하 직원의 잘못을 질책해도 상대방은 한 귀로 듣고 한 귀로 흘려버리게 된다.

다크사이드 스킬은 기본적으로 직급을 활용한 관리 방식이지만, 강약을 적당히 조율하면서 상대방이 스스로 움직이게 만든다는 점이 관건이다. 그런 의미에서 너무 가깝지도 너무 멀지도 않은, 적당한 긴장 관계를 유지하면서 언제든지 비장의 카드를 사용할 수 있도록 잘 갈고닦아야 한다.

인간력을 사용할 때 주의해야 할 다른 한 가지는 조직을 이끄는 리더는 위보다 아래를 잘 살펴야 한다는 점이다. 부하 직원의 입장에서 '우리 팀장은 위에 잘 보일 생각만 하고 있어'라고 생각할 때와 '우리 팀장은 항상 나를 신경 써주는 사람이야'라고 생각할 때에 느끼는 안도감은 하늘과 땅 차이다. 자신의 상사가 경영진만 바라보고 있다면 부하 직원은 문제가 생겼을 때 자신이 희생될 거라는 불안감을 느낄 수도 있다.

반대로 상사가 늘 부하 직원들에게 주의를 기울이고 세심하게 살피는 사람이라면 '이 사람은 결정적인 순간에 나를 지켜줄 거야'라는 확신을 가지게 된다. 그런 신뢰를 얻을 수 있다면 언제라도 상사는 부하 직원의 도움을 받을 수 있다.

부하 직원을 그만두게 할 때도 마찬가지다. 늘 부하 직원에게 신경을 쓰고 존중하는 리더라도 사업이 통째로 다른 회사에 매각되거나 파업을 하게 되면 냉정한 선택을 해야 할 때가 찾아온다. 그럴 때에는 최대한 직원의 입장에 자신을 대입하여 진심으로 직원에게 가장 바람직한 선택이 무엇인지 빨리 결론을 낼 수 있도록 도와줘야 한다.

반면 꾸준히 성과를 내지 못했거나 회사에 불미스러운 일을 일으킨 부하 직원을 그만두게 할 때에는 "미안하지만 더 이상 함께 일할 수 없겠어"라고 처음부터 냉정하게 단정지으며 말해야 한다. 극단적인 상황에서 직원도 절박해질 수 있기 때문에 다른 여지가 없도록 미리 오해를 차단하는 편이 좋다.

셋째, 타인의 시선을 인식하는
자기관리 능력

마지막은 리더로서의 '자기관리 능력'이다. 언제나 세속적인 유혹을 받는 리더는 수시로 자신을 엄하게 경계할 필요가 있다. 비즈니스 측면에서의 능력만큼 직원들이 리더에게 갖는 신뢰에 영향을 미치는 것이 리더의 사적인 영역이다. SNS를 통해 언제 어디서든 자신의 부적절한 모습이 돌아다닐 수 있다는 점을 자각해야 한다. 특히 높은 지위에 있거나 영향력을 행사할 수 있는 사람이라면 더 많은 것을 잃게 될 수 있다는 점을 명심하자.

몇 년 전 유명한 한 경영자와 호텔 로비에서 마주친 적이 있었다. 인사를 나누는 도중, 마침 한 젊은 여성이 엘리베이터에서 내리며 그에게 "오래 기다리셨어요?"라고 말을 걸었다. 그는 나를 보고 식은땀을 흘리면서 낭패라는 표정을 지었다. 그 모습에 나는 단박에 '이 사람과 일을 해도 괜찮을까?'라는 의구심이 생겼다. 신뢰를 얻는 데는 오랜 시간이 걸리지만, 아주 사소한 실수와 오해가 발생하면 눈 깜짝할 사이에 신뢰는 바닥으로 떨어지고 만다.

사상가 야스오카 마사히로安岡正篤는 우시오전기의 창업자인 우시오 지로牛尾治郎에게 "욕망을 버리고 아망雅望으로 살라"라고 충고했다. 욕망은 금전욕이나 명예욕 같은 세속적인 욕망을 가리키며, 아망은 그와 대비되는 훌륭한 덕망을 뜻한다. 번뇌를 아예 버리기는 어렵지만 끊임없이 애쓰고 노력하면 멀리할 수는 있다. 리더로서 수많은 욕망을 가진 직원들을 이끌기 위해서는 스스로를 억제하면서 보다 높은 뜻을 품어야 한다.

사업의 이익 구조를
이해하는 최강의 기술

조직을 운영하는 데 있어서 꼭 강조하고 싶은 브라이트사이드 스킬이 있다. 가장 유용하게 사용할 수 있고, 그만큼 어디서나 인정받는 능력인데, 바로 수치에 밝아야 한다는 것이다. 그중에서도 '재무3표'라 불리는 손익계산서, 재무상태표, 현금흐름표를 읽을 줄 안다면 언젠가 개인 사업을 하게 되더라도 큰 자산이 된다. 아직 재무3표에 대해서 잘 모르는 중간관리자라면 지금부터라도 조금씩 공부를 해두기를 바란다.

재무3표를 읽을 때 얻을 수 있는 장점 세 가지가 있다. 첫째로 자신이 속해 있는 사업의 이익 구조를 이해할 수 있고, 둘째는 현금의 흐름을 파악해서 의심스러운 부분을 발견할 수 있다는 점, 마지막으로는 경영 전략과 자금을 연결 지어 생각할 수 있다는 것이다.

손익계산서는 일정 기간 동안의 이익이나 손실 등을 기록한 문서로, 사업을 하고 있는 사람이라면 대개 이해하고 있을 것이다. 매출이 어느 정도이며 비용이 얼마인지는 항상 의식하고 있을 테니 크게 어려운 부분이 아니다. 문제는 재무상태표다. 이는 설비나 운용에 투입된 자금이 어떻게 돌아가고 있는지를 나타내준다. 재무상태표 없이 손익계산서만 보고 있으면 실제 이익과 손해, 기업을 운영하는 데 사용한 자금들이 맞물리면서 기업을 유지하는 데 필요한 현금의 흐름을 이해할 수 없다.

기업 운영에서는 현금이 얼마나 들어오고 어디로 나가고 있는지가 가장 중요한 문제다. 이를 빈틈없이 이해하지 못하면 손익계산서상에서는 수익이 나고 있는데 실제로 당장 조직을 운영하는 데 쓸 돈이 부족한 상황이 발생할 수도 있다.

그래서 어떤 기업에서는 새로 부서장이 입사를 하면, 기업의 지난 10년 동안의 결산 보고서를 분석해서 제출하라는 과제를 내기도 한다. 결산 보고서는 재무3표를 알아야만 작성할 수 있으므로 이를 잘 모르는 사람이라면 당황할 수밖에 없다.

예를 들어 비용 구조상 외부 환경의 변화에 따른 변동비가 70퍼센트를 차지하는 기업이 있다고 하자. 그런 기업은 수익을 늘리기 위해 생산 구조를 확대해도 변동비의 비중은 크게 줄어들지 않는다. 오히려 상품에 따른 수익을 확실하게 구분해서 이익을 올릴 수 있는 부문과 그렇지 않은 부문에 브레이크와 액셀러레이터를 조율하는 편이 효과적이다. 이렇게 회사의 이익 구조를 읽을 수 없으면 "다음 달에는 매출을 더 올리자!"라는 식의 애매모호한 지시를 내리게 된다. 그리고 이런 지시를 받은 직원들은 리더가 조직에 대해 파악하지 못하고 있다는 점을 금세 눈치챈다.

다음으로는 리더가 먼저 수익 구조의 수상한 지점을 발견할 수 있다는 점이다. 거래처나 M&A 과정에서 다른 기업의 판매 수치를 확인하면서, '뭔가 이상한데'라는 느낌이 드는 부분의 원인을 스스로 찾아낼 수 있다. 매출 대비 영업이익률 같은 형식적인 분석이 아니라, 실제로 재무3표를 서로 비교해보면서 앞뒤가 맞지 않는 부분을 찾아낼 수 있는 것이다.

전년도와 비교했을 때 재고가 줄었고 미수금도 적어졌으면 그만큼 수익이 많아졌을 것이다. 그런데도 부채는 줄지 않고 오히려 단

기간의 매출이 늘어났다면, 그만큼의 수익은 어디로 갔을까 하는 식으로 생각을 전개해야 한다. 재무3표 사이에서 왜 차액이 발생하는지 직접 표를 들여다보면서 해결할 수 있으면 일단 리더로서는 합격이다.

마지막으로 재무3표는 각각 관리하는 자금에 미묘한 차이가 있어서 트레이드오프Trade off(어느 것을 얻으려면 반드시 다른 것을 희생해야 하는 경제 관계)에 놓여 있는데, 재무3표를 이해하는 리더는 이를 연결 지어 자금을 운용할 수 있다.

예를 들어 고객을 끌어들이는 형식의 비즈니스에서는 공격적인 경영 전략을 펼치려면 손익계산서에 문제가 생긴다. 우선 고객을 모으는 데 총력을 기울여야 해서 일반적으로 판촉 비용을 많이 사용하는데, 1년 단위로 손익계산서만 확인하면 수익 구조가 맞지 않는다.

재무3표가 유기적으로 연결되어 있다고 해도 상황에 따라 사업이나 회사가 우선해야 할 대상이 달라진다. 재무3표를 확실히 파악하고 있어야 지금 회사에서 가장 급하게 처리해야 할 일과 이를 해결하기 위해 어떤 작업이 필요한지를 이해할 수 있다.

3장   어떤 사람이
흔들리지 않는
리더가 되는가

신념이 있어야

고독을 이겨낼 수 있다

    리더다운 리더란 무엇을 의미할까? 나는 우선 '흔들리지 않는 신념'을 가진 사람이라 말하고 싶다. 리더는 고독한 자리여서 잠시라도 방심하면 다른 사람에게 의지하고 싶어진다. 하지만 이리저리 방향이 흔들리는 리더는 어떤 직원도 믿고 따르려 하지 않는다. 사사로운 유혹에도 중심이 확실하게 잡혀 있어야 직원들도 '이 사람이 이렇게까지 말한다면 믿어야지. 최선을 다해야겠어'라고 생각하게 된다.

    그렇다면 흔들리지 않는 리더의 신념이란 무엇일까? 이에 대한 해답은 리더가 어떤 방향성을 갖고 어떻게 행동하느냐에 달려 있다. 단단한 나무 같은 리더가 되고 싶다면 다음에 소개할 세 가지 조건을 하나씩 갖춰보기 바란다.

첫째, 수치상의 목표가 아닌 비전을 제시하라

주어진 역할만 수행하는 데 급급한 리더가 아닌, 조직의 미래를 위한 비전을 만들고 제시하는 리더가 되어야 한다. 모든 기업이 매년 예산안이나 중장기 사업 계획 같은 구체적인 수치를 공유하고, 목표를 향해 힘껏 달린다. 하지만 이와는 달리 좀 더 근본적으로 리더 자신이 어떤 조직을 만들고 싶은지, 조직의 활동을 통해서 이루고 싶은 목표가 무엇인지를 정립해놓아야 예상하지 못했던 문제가 발생했을 때 팀을 올바른 방향으로 이끌 수 있다. 만약 이런 목표 기준이 없다면, 리더는 언제든 유혹에 휩쓸리거나 도리어 다른 사람에게 조종을 당할 수 있다.

부서장으로서 자신의 부서는 조직 내에서 어떤 모습이기를 바라는가? 또 어떤 역할을 해야 하는가? 지금 상황에서 회사가 필요로 하는 가장 이상적인 조직은 무엇인가? 그 안에서 자신은 어떤 역할을 하고 싶은가? 단기적인 목표치에 연연해하며 조급해하기보다는 이런 질문들에 대해 진지하게 고민하는 시간을 가져야 한다. 조직원에게 목표 의식을 심어주고 리더에 대한 신뢰감을 형성하는 것은 연간 매출 목표가 아닌 리더가 말하는 조직에 대한 비전이다.

둘째, 그럴듯한 말로

포장하지 마라

다음으로는 리더가 먼저 자신의 말과 행동을 일치시켜야 한다는 점이다. 아주 오래전부터 강조되어왔지만, 좀처럼 실천에 옮기기가 쉽지 않은 덕목이다. 우선 부하 직원과 적극적인 소통 구조부터 마련해보기 바란다. 틈이 날 때마다 자신의 생각을 전달하라. 직원들이 지겨워할 정도로 끊임없이 되풀이해야 그나마 조금이라도 리더의 진심을 이해하게 만들 수 있다.

이렇게 끈질기게 리더의 가치관을 되풀이해 말하다 보면 언젠가 리더가 시험대에 오를 순간이 찾아올 것이다. '부장님이 늘 그렇게 말씀하셨는데 사실일까?' 하는 부하 직원들의 의구심을 해소시켜줄 그런 순간 말이다. 그때 입이 아프도록 직원들에게 말해온 자신의 가치관에 반하는 행동을 취한다면, 지금까지의 노력은 모두 물거품으로 돌아간다. 시험대에 올라서려 하지 않거나, 보이지 않는 장소로 슬그머니 몸을 숨기려 해도 부하 직원들은 귀신같이 알아챌 것이다.

시험대를 피해서는 안 된다. 도망쳐서도 안 된다. 언제든 준비된 상태에서 기회가 왔을 때 당당하게 올라서서 "그럼에도 나는 이렇게 생각한다"라고 변함없이 말해야 한다. 말과 행동이 일치한다는

걸 보여주고 나서야 비로소 자신과 부하 직원 간에 신뢰가 형성될
것이다.

셋째, 항상 최악의 상황을
각오하라

　　　　마지막으로 리더는 순풍이 부는 때에도 항상 최악
의 상황을 예상해서 이에 대비해야 한다. 조직의 상황은 시시각각
변하므로 리더가 지시했던 사항을 번복하는 일은 얼마든지 일어날
수 있다. 하지만 그 바탕이 되는 본질적인 가치관만큼은 변하지 말
아야 한다. 좋은 결과를 내는 것도 중요하지만, 리더 자신의 가치관
을 지키는 일이 멀리 봤을 때 훨씬 더 중요하다.

　어떤 일이건 처음 예상했던 방향으로 풀리지 않는 경우가 더 많
다. 그래서 실패했을 때 리더의 근본적인 태도가 변하지 않는 모습
이 더욱 중요하다. 원하는 만큼 성과를 내지 못했다고 하여 목숨을
잃는 것도 아니고, 재산을 잃는 것도 아니다. 여차하면 최악의 상황
이 올 경우 내가 회사를 그만두면 된다는 각오로 임한다면 두려울
일이 없다. 실패 후에는 목표를 달성할 수 없었던 이유를 면밀히 살
펴야겠지만, 자신으로서 최선을 다한 결과였다면 깨끗하게 털어낼

줄도 알아야 한다. 언제까지고 그 문제에 매달려 후회를 반복해도
얻어낼 수 있는 건 아무것도 없으니 말이다.

"무엇이 당신을
행복하게 만듭니까?"

하버드대학교에서 약 75년에 걸쳐 진행한 연구가
하나 있다. 졸업생 중 268명의 남성과, 보스턴에서 자란 456명의
남성, 그리고 90명의 천재 여성을 대상으로 '성인 발달 연구'를 진
행했는데, 그 결과가 무척 흥미로웠다.

조사 대상자인 졸업생들 중에는 직업적인 성공을 거두어 큰 부
자가 된 사람, 사업에 실패해서 가난해진 사람, 도중에 사망한 사람
등 정말 다양한 유형의 사람들이 포함되었다. 그들에게 하버드대학
교는 "무엇이 당신을 행복하게 만듭니까?"라는 질문을 던졌다. 그
랬더니 가장 많이 나온 대답이 돈도 명예도 아닌 "좋은 인간관계를
누리고 있을 때"였다. 아무리 돈을 많이 벌고 수백 명의 직원을 거
느리고 있다고 해도, 그보다는 좋은 인간관계를 맺고 있는 사람이
더 행복하다는 사실을 단적으로 보여주는 연구였다.

실제로 회사를 그만둔 중장년층들 중에는 어울려주는 친구가

없어 외톨이 신세로 전락해버린 사람들이 많다. 직장생활을 최소 40년 이상 하고서 65세에 은퇴를 했는데도 마음을 터놓을 친구가 없다면, 그간 자신이 회사의 이름이나 직함이 주는 힘에 지나치게 의존해서 살아온 건 아닐까 생각해봐야 한다. 그런 사람들은 은퇴 이후에 자신을 둘러싸고 있는 사람들이 모두 떠나버리고 나면 혼자 남게 된다. 이로써 자신에게는 모든 사람들이 권력 관계일 뿐이었단 사실을 깨닫고 절망에 빠진다.

돈에만 집착하며 살아온 사람 역시 돈이 사라지는 순간 모든 걸 잃게 되고 만다. 돈으로 연결되어 있던 사람들과 연결고리가 끊어지고 나면, 주변에 믿을 수 있는 사람이 거의 남지 않게 된다. 돈을 위해서라면 친구 정도는 없어도 그만이라고 생각하는 사람들을 진심으로 따르는 사람은 많지 않을 것이다.

나는 이 책에서 설명하는 다크사이드 스킬이 은퇴 이후에도 유용하다는 사실을 말해주고 싶다. 직급이 아니라 진심으로 사람을 움직이는 다크사이드 스킬은 상대방과의 진정한 신뢰 관계가 바탕이 되지 않으면 제 기능을 할 수 없다. 단순히 앞에서만 사이좋은 관계가 아니라, 두렵지만 그래도 존경받는 리더로서 역할을 다져두었다면 서로의 이해관계가 끝났다고 해도 인간관계는 지속될 것이다.

혼자만의 시간에
익숙해져라

과거 회사에서는 "일상도 업무의 연장선상이다"라는 말이 흔히 쓰이곤 했다. 하지만 나는 절대 그렇지 않다고 생각한다. 일상과 업무 사이에는 분명한 경계가 필요하다. 그리고 리더라면 일상에서도 또 다른 경계를 하나 더 두어야 한다. 가정이나 친구 관계에서도 완전히 분리된, 혼자만의 시간을 만들어야 한다는 뜻이다.

회사에서 늘 예민하게 주의를 기울이는 리더의 입장에서는 그런 상황에서 완전히 벗어나 홀로 자신을 마주보고 돌아보는 시간을 가지는 편이 좋다. 그런 시간들이 리더를 더욱 강하게 단련시키기 때문이다.

'그때 왜 이렇게 대처하지 못했을까?' '내가 잘못한 지점이 어디일까?' '지금 그 직원과 너무 거리가 가까워 대담하게 지시하지 못한 건 아닐까?' 이런 식으로 업무를 하면서, 누군가와 어울리면서 생각하지 못할 법한 깊은 고민을 혼자만의 시간에 해보는 것이다. 또 앞으로 1~3년 후의 단기적 목표를 세우는 일도 혼자서 해볼 수 있다. 수시로 목표가 어떻게 진행되고 있는지 스스로 점검하고, 상황에 따라 방향을 조율할 수도 있다. 그런 반복된 과정이 리더의 혼들리지 않는 가치관과 정체성을 만들어준다.

평일에는 밤늦게까지 야근을 하고 집은 잠만 자는 장소로 쓰면서, 금요일 저녁에는 친구들을 만나고 휴일에는 가족과 함께 시간을 보내느라 자기 혼자만의 시간을 내지 못한다는 사람들이 많다. 하지만 리더로서 신념에 대한 흔들리지 않는 가치관을 세우기 위해서는 이제 시간도 효율적으로 사용해야 한다. 아무리 바쁜 일상일지라도 마음만 먹으면 충분히 시간을 만들 수 있다.

나는 일주일에 한 번 두세 시간 동안 혼자만의 시간을 갖는다. 일요일 아침에 평소보다 일찍 일어나서 집 근처 카페로 향한다. 그곳에서 간단히 아침을 먹으며 앞서 말한 고민들을 떠올리고, 아이디어들을 노트에 적으며 시간을 보낸다. 생각을 모두 마치고 집에 돌아와도 아침 9시 정도라 예정된 일들을 수행하는 데 전혀 지장이 없다.

흔들리지 않는 리더가 되기 위해서는 언제나 자신을 돌아보고, 가치관에 균열이 일어나진 않았는지 점검해보는 시간을 가져야 한다. 자신과 단 둘이서 치열하게 대치하는 고독의 시간이 없으면, 바쁜 일상의 흐름에 휩쓸려 궤도가 무너져도 방향을 고치기는커녕 문제를 인식할 수도 없게 된다.

부디 리더 자신을 위해서라도
최강의 팀을 만들어라

지금까지는 리더 자신에게 초점을 맞추어 흔들리지 않는 신념을 갖추는 법에 대해 이야기했다. 내가 마지막으로 당부하고 싶은 점은, 부디 앞으로는 리더 자신을 위해서라도 최강의 팀을 꾸려야 한다는 것이다. 여기서 말하는 최강의 팀이란 조직원들이 모두 같은 목표를 지향하고, 같은 가치관을 바탕으로 움직이며, 리더의 지시가 없어도 자연스럽게 같은 방향으로 의사결정하는 조직을 뜻한다.

리더는 팀의 중심으로서 기능을 해야 한다. 팀의 비전을 만들고, 말과 행동을 일치시키고, 최악의 상황이 벌어져도 절대 물러서지 않겠다는 각오를 보여줘야 한다. 그리고 조직원들에게 늘 신경 쓰고 있다는 '안도감'과 흔들리지 않고 동요하지 않는 '묵직함', 절대로 직원을 배신하지 않는다는 '신뢰감'을 주어야 한다. 설사 부하직원이 한 명인 조직일지라도 그래야 한다. 소규모의 팀에서도 이런 리더십을 발휘할 수 있다면, 더 큰 조직을 이끌 때에도 같은 태도를 유지할 수 있다.

7가지 다크사이드 스킬을 통해 최강의 팀을 만드는 리더는 어떤 위기 앞에서도 강하게 버티고 헤쳐 나갈 수 있는, 변화의 열쇠가 될 것이다. 언제나 그렇듯 조직과 회사의 미래는 강인한 리더에게 달려 있는 법이다.

3부

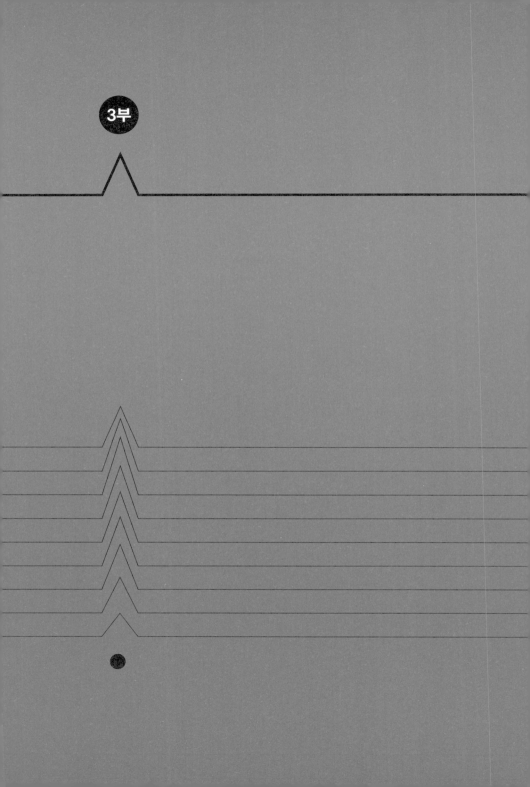

무기력한 조직에
메스를 들이댈 리더의 용기

7가지 다크사이드 스킬이 강력한 힘을 발휘할 때는 언제일까? 이른바 '대기업병'에 빠져 조직이 변화를 거부하고, 오만에 차 있을 때다.

3부에서는 무인양품의 모기업인 료힌케이카쿠의 명예고문 마쓰이 타다미쓰와의 대담이 수록되어 있다. 10년간 성장을 이어오던 기업이 갑작스럽게 위기에 처했을 때, 그가 리더로서 수행한 일과 V자 회복을 이룩한 노하우를 낱낱이 살펴본다. 그의 이야기를 통해 현실의 비즈니스 세계에서 리더가 갖추어야 할 강단과 추진력, 그리고 미래를 준비하는 법을 배워보기 바란다.

대담

기무라 나오노리 × 마쓰이 타다미쓰

• 마쓰이 타다미쓰

1973년 도쿄교육대학(현 쓰쿠바대학) 체육학부를 졸업한 뒤에 세이유스토어(현 세이유)에 입사했다. 1991년 료힌케이카쿠에 파견되었다가 이듬해에 입사했다. 총무인사부장, 무인양품 사업부장을 거쳐 2001년에 사장으로 취임했다. 적자 상태였던 조직을 구조부터 개혁하여 실적을 V자로 회복시킨 성과를 만들었다. 2008년에 회장직을 거쳐, 2016년부터 명예고문으로 일하고 있다.

잘나가던 무인양품은
왜 추락하기 시작했을까

기무라 나오노리(이하 기무라)　　　마쓰이 타다미쓰 대표님이 료힌케이카
쿠의 사장으로 취임한 2001년은 당시 '무인신화'라는 표현이 생길
정도로 수직 상승하던 무인양품의 실적이 갑자기 떨어진 해이기도
하지요?

마쓰이 타다미쓰(이하 마쓰이)　　　그렇습니다. 회사에 문제가 발생했다면
그 원인은 대부분 내부에 있습니다. 90퍼센트 이상이지요. 무인양
품 역시 마찬가지였습니다. 창업 후 2001년까지 10년 동안 매출과

이익이 매년 30퍼센트씩 성장했기 때문에 모두 자신감이 넘치는 상태였습니다. 우리가 하는 일은 절대 틀릴 리가 없다고 생각한 것입니다. 하지만 이것은 자만이었습니다.

당시에 무인양품은 아무 발전 없이 내부에서만 의미 없는 토론을 반복하고, 경쟁사에는 전혀 관심을 두지 않았습니다. 그러는 와중에 다른 회사에서는 끊임없이 견학을 왔습니다. 실적이 좋은 회사니까 생활용품 할인점이나 가구 전문점에서는 문구용품이나 화장품, 침대, 소파 등 무인양품의 물건을 사 가서 내부 직원들에게 "이것과 똑같이, 더 싸게 만들어!"라고 명령했습니다.

한창 성장세였던 당시의 무인양품에는 거만한 분위기가 만연해서, 거래처의 담당자가 미팅을 마치고 돌아갈 때에 엘리베이터 앞까지도 배웅하지 않았습니다. 그때의 매출은 있는 그대로의 실력이라기보다 단순히 브랜드의 힘과 그때까지 쌓아온 콘셉트가 좋았기 때문에 발생한 것인데도 말입니다. 사람들은 인정받는 위치에 서게 되면, 마치 자신이 대단한 사람이라도 된 것처럼 상대방을 깔보는 경향이 있는 것 같습니다.

기무라   단단히 착각에 빠졌군요.

마쓰이   고생한 적 없이 곱게 자란 사람은 유능한 경영자가 되기 어렵다는 말처럼, 10년 동안 계속 성장세를 이룬 무인양품은 창업할 때의 고통과 의지는 잊어버리고 오만과 자만에 빠지고 말았습니다. 이상하게도 꾸준히 실적이 오르면 조직은 경직됩니다. 이른바 '대기업병'이라고 합니다. 창업 당시의 위기감이나 역동성은 온데간데없이 사라지고 무기력에 빠져 발전이 없는 상태가 되는 것을 말하지요.

이런 때에는 이사회에서도 매번 재고 조사를 강화한다든가 새로운 매장을 열자는 등의 틀에 박힌 주제만 안건으로 올라옵니다. 판단하기 까다로운 안건은 올라오지 않아요.

이사회조차 그런 상황이니 하부 조직은 말할 것도 없었습니다. 그때는 말 그대로 매장에 진열하기만 하면 팔리던 시대였습니다. 절대 어느 개인의 공이 아니었는데도, 모두 자신이 매출을 만들어냈다고 착각하고 있었습니다.

그러면서 불필요한 결재 도장도 늘어났습니다. 매장을 새로 열기 위해서 결재를 받으려면 8~9개의 도장을 받아야 했습니다. 참다 못해 제가 개발 담당자와 개발부서장, 그리고 판매부서장의 도장만 받는 방식으로 바꾸자고 제안했습니다. 그러자 여기저기서 반대하기 시작했습니다. 인사부서에서는 "출점 계획을 모르는 상태에서는 채용할 수 없습니다", 경리부서에서는 "매장이 늘어나면 판매비도 조율해야 하고 회계 담당자도 더 필요하니까 우리도 알아야 합니다", 하다못해 시스템부서에서도 "컴퓨터가 몇 대나 필요한지 파악하려면 당연히 우리도 알아야죠"라고 답했습니다. 그래서 결국 모두가 도장을 찍어야 결재가 떨어지는 상황이 벌어졌습니다.

기무라 많은 사람들이 리스크를 공유해서 책임을 피하려고 했던 거군요.

마쓰이 네, 맞습니다. 게다가 당시에는 매장을 여는 족족 실패만 했습니다. 새로 개업한 열 개 매장 중 여덟 개가 예상만큼의 매출을 올리지 못했지요. 운영 전략이 잘못됐기 때문이었습니다. 그런데도 책임을 추궁하기는커녕 같은 상황이 반복되었습니다.

제가 료힌케이카쿠로 발령을 받기 전에 일했던 세존그룹(종합 유통 회사. 무인양품이라는 자체 브랜드를 개발한 세이유의 모기업)도 비슷한 상황이었습니다. 전례를 그대로 답습하는 주의로 움직이고 있었습니다. 이를 테면 지난해의 일정을 그대로 옮겨 올해의 계획을 짭니다. 신입사원 연수도 임원만 다를 뿐 5년 전과 똑같은 방식이었어요. 판매나 상품 개발에서도 그런 방식을 적용하면 내부적으로 치명상을 입게 되지만 통상적으로 그렇게 운영됐습니다.

이런 조직에서 도장이 많이 늘어나는 이유가 무엇일까요? '빨간 신호여도 함께 건너가면 무서울 것이 없다'는 생각 때문입니다. 많은 사람이 도장을 찍으면 회사 전체가 결정한 것이니 아무도 책임을 묻지 않습니다. 그래서 저는 사장으로 취임한 이후에 조직 내부의 반대를 무릅쓰고 도장을 단 세 개로 압축했습니다. 매장을 새로 열었다가 결과가 좋지 않으면 개발 담당자와 그 부서의 부서장이 반드시 책임을 지게 했습니다. 기획한 사람이 누구이고, 어떤 방식으로 실행했는지를 확실히 구분 짓지 않으면 실체를 알 수 없으니까요. 그렇게 점차 회사에서 사용되는 결재 과정 모두에 도장의 수를 줄여나갔습니다.

기무라　어떻게 생각하면 아주 단순한 이야기군요. 실행과 결과의 인과관계를 명확하게 하고, 결과에 따른 책임은 확실하게 묻는 것이 앞으로 사업을 운영하는 데 매우 중요하다는 것이니까요.

마쓰이　그렇습니다. 덧붙여 당시에는 조직이 아직 미숙했던 점도 회사가 흔들리게 된 이유 중 하나였습니다. 당시 주력 사업이었던 의료품, 가정용품, 식품의 세 가지 부서 중에서 가장 불안했던 곳은 의료품 쪽이었습니다. 고객의 의견으로는 마트에서 판매하는 세이유(대형 소매기업. 료힌케이카쿠라는 법인을 설립하여 무인양품 브랜드를 개발)의 의료품과 비슷해서 세련되어 보이지 않는다는 평가가 있었지요. 그 제품을 만든 사람이 세이유 출신이었으니까 꽤나 일리가 있는 지적이었습니다.

그러자 미숙한 조직은 범인을 찾아 나섰습니다. 의료품 부문에서 판매가 나쁜 이유는 부서장 탓이라고 몰아붙여 의료품 부서장 자리가 3년 동안 다섯 번이나 교체되었습니다. 즉, 3년 동안 근본적인 처방이 없었던 것이지요. '사람을 바꾸면 어떻게든 되겠지'라고 생각하는 것이 미숙한 조직의 일처리 방식입니다.

그러나 의료품 부문의 부서장을 교체해도 여전히 좋은 결과가 나오지 않자 이번에는 관리책임자를 교체했는데, 그 와중에 세이유 출신은 믿을 수 없다고 해서 외부에서 인재를 영입해왔습니다. 그런데 오히려 이 사람들은 거래처에 뇌물을 요구했습니다. 외부 인사를 채용하면서 이제까지 회사에 없었던 새로운 혼란이 발생한 것입니다. 이런 과정을 모두 겪고 나서야 '사람만 바꾸면 된다'는 사고방식은 안일한 대책이라는 사실이 드러났지요.

제가 사업부장이었을 때 "이 매장의 매출이 나쁜 이유는 무엇입니까?"라고 영업과장에게 물어보니 "인재입니다. 점장이 능력이 없습니다"라는 대답이 돌아왔습니다. 어이가 없더군요. 유니클로나 니토리(일본의 이케아라고 불리는 가구업체)와 경쟁을 해야 하는 이런 중요한 시기에 성패의 여부가 점장의 역량에만 달려 있다고 생각하고 있었습니다. 단언컨대, 그런 일은 있을 수 없습니다. 2~3퍼센트 정도는 점장의 역량이 작용할지도 모르지만, 우리의 눈앞에 있는 건

제품을 만드는 능력, 판매하는 능력, 기업 문화, 실행하는 능력 등으로 총력전을 펼쳐야 하는 승부입니다. 단 한 명의 점장이 결과를 좌지우지할 수는 없지요.

기무라 조직 차원에서 싸워야 한다는 말씀이군요.

마쓰이 무인양품은 1980년에 시대를 앞선 브랜드로 탄생했습니다. 세존그룹의 쓰쓰미 세이지堤淸二와 다나카 잇코田中一光, 고이케 가즈코小池一子 등 일본을 대표하는 창작자들이 모여 설립했지요. 참신한 콘셉트라는 본질성 때문에 10년 동안이나 계속 성장할 수 있었습니다. 하지만 오만과 답습 등의 미숙한 태도로 인해 조직의 상황이 개선되지 못했기 때문에 더 이상 고객보다 한 걸음 앞선 상품을 개발할 수 없었습니다. 앞서가야 하는데 뒤따라가는 형태가 되어버린 것이지요.

그러면서도 상품의 종류는 계속 늘어났습니다. 무인양품은 2DK(두 개의 방에 주방 겸 거실이 있는 구조)나 3DK(세 개의 방에 주방 겸 거실이 있는 구조) 주택에서 사용하는 물건은 모두 만들겠다는 콘셉트로 시작해서 가전제품, 양복, 란제리 등 영역을 폭넓게 확대했기 때문입니다. 그렇지만 종 수만 많아졌을 뿐 모두 시대에 뒤처진 결과물들이었고, 무차별적으로 사업을 확장했던 전략이 결과적으로 치명상을 안

겨주었습니다.

_____ 전략 없는 확장이 불러온
치명적 위기

마쓰이 더불어 급격한 확대 정책 때문에 전략적인 실수도 발생했습니다. 사실 경영에 있어서 가장 어려운 것은 공격입니다.

2000년에 무인양품은 매장의 면적을 40퍼센트나 늘렸습니다. 보통 유니클로, 니토리, 시마무라(유니클로에 이어 일본 내 2위 의류업체) 등은 새로운 매장의 비율이 대부분 4~5퍼센트입니다. 통상 이 정도를 순항하는 속도라고 여깁니다. 하지만 무인양품은 그 열 배나 되는 매장을 새로 열었습니다. 그 전까지는 매장당 500평 정도였는데, 1000평짜리 대형 매장을 열었지요. 1000평의 매장에서 연간 200억 원의 매출을 올리겠다는 대담한 계획도 세웠습니다.

하지만 당시 상품들은 전체적으로 품질이 떨어졌고 원대한 계획에 비해 운영 전략도 아주 빈약했기 때문에 예상보다 절반 정도밖에 팔리지 않았습니다. 매출이 반타작이 나면서 엄청난 적자를 기록하게 되었지요.

또 한 가지 실수는 가맹점에 극단적으로 냉담한 정책을 취한 것입니다. 상품을 열심히 개발해도 판매가 뒷받침해주지 않으면 재고만 쌓이게 됩니다. 비즈니스는 판매 없이 존재할 수 없으니까요.

하지만 가맹점은 어느 정도 자리를 잡으면 본사의 지시를 잘 따르지 않습니다. 예를 들어, 당시에 계절 상품 같은 경우는 상대적으로 수익이 적어서 가맹점들이 제품을 많이 들여놓지 않았습니다. 그렇게 되면 생명줄이라고 할 수 있는 남은 재고의 판매를 직영점에서 모두 감당해야 합니다. 그래서 본사는 가맹점을 줄이고 직영점이나 대형판매점을 늘리는 판매 전략을 세웠습니다.

하지만 이는 멀리 내다보지 못한, 아주 단순한 전략이었습니다. 당연히 기존 가맹점 근처에도 직영점이 들어가니 이제는 같은 식구끼리 사활이 걸린 싸움으로 발전하게 되었습니다. 같은 브랜드를 판매하면서 서로 고객을 빼앗는 전쟁이 일어난 것이지요. 제가 사장이 되었을 때에는 이러한 불협화음이 그야말로 최고조에 달해 있었습니다.

이렇게 된 데는 당시 세존그룹이 해체 위기에 놓여 있던 것도 영향이 있었습니다. 그룹의 마지막 자본이었던 료힌케이카쿠의 주식이 일반 투자가에게 판매되면서 상황이 급격히 달라졌습니다. 기업은 어떻게든 최대한 많은 이익을 내기 위해 주가를 높이는 전략만 고집했고, 그래서 무리해서라도 매장을 늘리게 된 것입니다. 수익성을 높이기 위해 불량품도 처리하지 않고 모두 판매했습니다. 이렇게 비합리적인 전략들이 모이고 결국 한계에 이르러서 마침내 이익이 감소하기 시작한 것이 2000년입니다.

지금까지 말한 이런 문제들은 모두 내부 요인입니다. 기업에 문제가 생기면 가장 먼저 조직이 썩어갑니다. 지금까지는 매장 확장에 따라 판매도 늘어나서 어떻게든 상품을 개발해왔지만, 1000평이나 되는 매장을 허둥지둥 운영하다 보니 한계에 다다랐습니다. 그때 그래도 새로운 상품에 대한 연구를 멈추지 말았어야 했는데, 그렇게 하지 못했습니다. 그때 무인양품에는 위기를 벗어나 새롭게 도약할 만한 능력도, 발상도 없었기 때문입니다.

결재 도장이 많은 이유는 남 탓 싸움을 하겠다는 것

기무라 회사가 대기업병에 걸렸는가는 직원들이 시간을 어디에 쓰는지를 확인해보면 알 수 있습니다. 병이 깊어질수록 대체로 회사 내부에서 보내는 시간이 길어집니다.

마쓰이 맞습니다. 사무실에 편안히 앉아 토론이나 나눌 뿐 굳이 바깥 상황을 신경 쓰고 싶지 않아 합니다. 외부 환경의 변화에 촉각을 세우지 않는 기업은 발전 가능성이 없습니다.

기무라　모든 구성원이 현실에 안주한 결과로 실적이 나빠지면, 그제서야 부서 사이에서는 책임을 전가하는 알력 싸움이 일어납니다. 저 부서 때문이다, 누구 때문에 이런 결과가 나왔다는 식으로 남 탓이 시작되지요.

마쓰이　말씀하신대로 서로 책임을 미루려고 하는 대표적 증거가 바로 앞서 이야기한 도장의 개수입니다. 세이유에 있을 때 저는 인사를 담당했습니다. 인재 육성 계획을 세울 때에는 상무, 전무 등 경영진 모두를 찾아가 미리 논의를 했는데, 이사회는 형식적인 토론뿐이라서 그 자리에서 결정되는 일은 아무것도 없었습니다.

처음에는 료힌케이카쿠에서도 미리 교섭을 하는 문화가 자리 잡혀 있었습니다. 안건을 공유하면 회사 내 권력 관계를 바탕으로 결정을 내리게 되었지요. 그래서 저는 사전 교섭을 모두 금지하고, 모든 안건은 회의에서 직접 보고하게 했습니다. 미리 말을 맞춰두면 문제를 논의하기 위해 모인 회의인데도 모두가 이미 내용을 알고 있고, 암묵적으로 결정이 난 상황에서 경영진은 안심하고 보고를 듣게 됩니다.

하지만 미리 교섭을 하지 않고 회의에 참석하면 어디에서 반대의 목소리가 나올지 알 수 없습니다. 따라서 안건이 통과되지 못할 위험이 있고, 실제로 통과되지 못한 안건도 있었습니다. 그래서 무난하게 일을 처리하고 싶은 직원들은 꼭 미리 안건을 공유하려고 합니다. 이런 사전 교섭이 가장 잘 이루어지는 곳이 공공기관이나 자치단체고, 그 다음이 금융기관이나 역사가 오래된 대기업입니다.

기무라 네, 맞습니다. 누구의 반대도 없이 안건을 해결하고 넘어가면 결국 문제가 발생해도 누구의 책임인지 알 수 없어지는 폐해가 발생합니다.

마쓰이 물론 다들 월급을 받는 직장인이니까 상사를 화나게 만들고 싶지는 않겠지요. 승진에 영향을 줄 수도 있으니까요. 하지만 모두가 그렇게 생각하고 일을 한다면 위만 바라보게 됩니다. 저는 '정치를 잘하는 직원이 회사를 무너뜨린다'라고 생각합니다. 지금까지는 위만 바라보며 일하고, 미리 교섭을 해서 문제도 암암리에 처리하는 사람이 승진하는 경우가 많았습니다. 교섭을 잘하는 사람과 보고서를 잘 쓰는 사람이 출세하는 문화였지요. 그런 정치역학을 바꾸지 않으면 절대로 건강한 기업이 될 수 없습니다.

기무라 맞습니다. 조직의 잘못된 점을 바꾸는 개혁형 리더가 되기 위해서는 반대로 '부하 직원에게 시간을 할애하라'는 다크사이드 스킬이 필요합니다. 윗사람의 표정을 살피는 대신 아랫사람에게 신경을 써야 한다는 뜻이죠.

행동을 바꾸지 않으면
         의식은 바뀌지 않는다

마쓰이   제가 세이유에서 교육 담당자로 일하던 때에 창립 20주년과 25주년에 '액션20'과 '액션26'이라는 프로젝트를 진행한 적이 있습니다. 당시에 누구나 종합소매업이라는 영업 형태가 무너지고 있다는 사실을 인식하고 있었기 때문에 이를 재정비하려는 시도였습니다.

당시 부장 이상의 직급만 300명 정도였는데, 그 사람들을 대상으로 미국에서 개발된 '감수성 훈련'이라는 의식 개혁 연수를 실시했습니다. 하지만 당연히 이 연수를 받았다고 해서 하루아침에 의식이 바뀌지는 않습니다. 의식이라는 것은 끈질기게 남아 있는 기업의 가치관이기 때문에 이를 근본적으로 바꾸려면 상당한 에너지가 필요합니다.

결론부터 말하자면 행동을 바꾸지 않으면 의식은 바뀌지 않습니다.

의식을 바꾸고 나면 행동이 바뀌는 것이 아니라 행동을 바꾸면 의식이 바뀌는 것입니다. 이 순서는 절대 변하지 않습니다.

행동을 바꾸고 싶다면 매일 규칙적으로 실천해야 합니다. 우선 몸에서부터 익숙해지다 보면 결국 머리로도 이해하게 되고 나아가 의식도 달라집니다. 당시 세이유는 행동 대신 의식부터 개혁하려는 운동을 먼저 도입했기 때문에 실패했던 것입니다.

──────── 가장 다루기 까다로운 인물에 주목하라

기무라　저는 개인의 성과를 판단하는 기준이 어디에 있는지도 중요한 지점이라고 생각합니다. 앞에서 출세 경쟁이라는 이야기를 하기도 했지만 대부분의 직장인은 역시 한 단계라도 더 위로 올라가고 싶을 테니까요.

마쓰이　그렇습니다. 좀 더 나은 생활을 하고 싶겠죠.

기무라　하지만 마쓰이 대표님을 비롯해서, 이른바 전문경영인임에도 불구하고 개혁을 이룬 사람들은 그와는 정반대로 출세욕은 별로 없었던 것이 아닌가 하는 생각이 듭니다.

마쓰이   그렇습니다. 승진을 하고 싶으면 어느 지점에서든 자신의 삶을 왜곡시켜야 할 때가 찾아옵니다. 누군가가 여기저기 찾아다니며 교섭을 잘해서 승진을 했다고 생각해봅시다. 그런 사람은 자신이 도움을 받았던 사람에게 어떤 부탁이라도 받게 되면, 들어줄 수밖에 없습니다. 자신도 먼저 도움을 받았으니까요. 둘 다 자신의 부서에 가장 이익이 되는 방법을 선택하려고 할 텐데 나에게 불리해도 그 부탁을 들어주지 않으면 자기 자리를 유지할 수 없게 됩니다. 물론 대부분의 직장인들이 승진을 해서 월급도 더 많이 받아 여유 있게 생활하고 싶어 합니다. 그리고 다수파에 속해 있어야 보다 안정적이기 때문에 이곳저곳 기웃거리면서 윗사람이 하라는 대로 그저 따르는 사람도 많습니다. 무리를 만들어서 회의는 물론이고, 술자리에 참석할 때에도 전부 함께 행동합니다. 무엇보다 자신보다 높은 직급인 사람의 말에 열심히 귀를 기울입니다. 안정적이고 경제적으로 여유 있는 삶을 살기 위해서지요.

하지만 제게는 그런 가치관이나 욕심이 없었습니다. 무리 짓는 행동은 극도로 지양했습니다. 그래서 술을 마시자는 권유도 모두 거절했습니다. 그들은 당연히 저를 대하기 까다로운 인간이라고 생각했겠지요.

제가 인사부에서도 주류에 속한 적이 없었던 이유는 그 때문입니다. 이리저리 얼굴을 내밀고 상사의 기분을 살피는 유형의 사람들만 출세하는 회사는 역시 어디에선가 문제가 생깁니다. 일본의 정치가 사이고 다카모리西鄉隆盛가 "돈도 명예도, 그리고 지위도 필요 없다고 말하는 인물이 가장 활용하기 어렵다. 하지만 그런 사람은 자신만의 삶의 기준을 갖추고 있고 그것을 무엇보다 소중히 여긴다"라고 말한 것처럼 말입니다.

기무라　무엇을 이루고 싶은가를 우선하는 가치관은 정말로 중요하다고 생각합니다.

마쓰이　맞습니다. 그래서 결국은 삶의 기준이 관건이 됩니다. 이해득실을 따지지 않고 윗사람의 비위를 맞추지 않는 사람이 아니라면 정도正道를 걷기는 어렵지요. 원래 저는 교사가 되려고 대학에 입학했습니다. 하지만 학생 운동을 하다가 체포당해서 유치장에서 3주를 보냈고 스무 살 생일도 감옥에서 맞았습니다. 전과가 생기는 바람에 교사의 길도 포기하게 되었습니다. 치명적인 실패를 맛본 것입니다.
그래서 어쩔 수 없이 일반 기업에 입사했지만, 그곳에서도 누군가가 시켜서 하는 것이 아니라 스스로 해야 할 일이라고 생각되는 일을 찾아서 했습니다. 위에서 보면 다루기 어렵고 방해만 되는 존재였기 때문에 료힌케이카쿠로 옮기게 된 것이고요.

상장기업의 과장이 자회사로 자리를 옮기면 보통은 최소한 부장으로 직함을 올려서 발령을 받지만 저는 똑같이 과장이었습니다. 의심할 바 없는 좌천이었습니다. 하지만 이해하고 받아들였습니다. 덕분에 조직 안에서 고인 채로 썩어가는 사람이 어떻게 행동하고 생각하는지 확실하게 눈으로 확인할 수 있었습니다.

남 탓을 하는 태도에 대해서 잠시 이야기했습니다만, 인사 이동은 자신이 결정할 수 없는 차원의 일입니다. 하지만 본인이 좌천을 당했다고 해서 회사에 불만을 품은 사람이 그 후에 성공하는 모습은 본 적이 없습니다. 게다가 저는 주어진 일에 최선을 다하지 않으면 직성이 풀리지 않는 성격입니다. 그래서 아무리 대우가 나빠도 료힌케이카쿠에서 제게 주어진 일을 이를 악물고 헤쳐나갔습니다.

료힌케이카쿠는 창업한 지 얼마 되지 않은 회사였고 게다가 적자로 출발했기 때문에 현실적으로 실적을 올리지 못하는 사람은 고용할 여유가 없었습니다. 다행히 저는 그곳에서 이듬해에는 부장, 그 이듬해에는 경영진에 오를 수 있었습니다.

기무라　　불과 3년 만에 과장에서 경영진으로 승진하셨군요?

마쓰이　네. 하지만 회사 안에 저와 뜻이 같은 사람은 많지 않았습니다. 총무 담당으로 온 사람은 "매장에 쥐가 많이 나오니까 처리해주세요"라는 요구에 "그건 곤란합니다. 쥐를 잡으려면 설비부서, 관리부서, 총무부서가 함께 움직여야 하니까요"라고 말하더군요. 총무부는 업체를 찾아서 경영진과 교섭을 해야 하고, 매장에 구멍이 나 있다면 설비부서가 메워야 한다는 말이었습니다. 그리고 시설 유지관리가 주 업무인 관리부서도 필요하다고 했지요. 세이유는 총무부서가 여섯 개 정도 있었으니까 일손이 충분했지만, 자회사로 분리된 지 얼마 지나지 않은 료힌케이카쿠에서 그만큼의 인력이 한꺼번에 움직일 수는 없었으니까 썩 틀린 말도 아니었습니다.

광고 담당자도 마찬가지였습니다. 한번은 하라주쿠역에서 눈에 잘 띄는 선로 쪽의 광고판에 연간 계약을 맺어서 월 단위로 광고를 바꿔 싣기로 했습니다. 담당자에게 "간판은 언제 완성되나?" 하고 물어보니 "다음 주에 완성됩니다"라고 대답하더군요. 하지만 일주일이 지나도, 보름이 지나도 광고는 올라가지 않았습니다. 아무리 물어도 담당자는 "광고회사에 분명히 지시를 내렸습니다"라는 말만 반복할 뿐 계속 광고는 보이지 않았습니다. 모든 부서가 이런 상황이었으니까 도저히 어느 누구도 일을 했다고 볼 수 없었지요.

그들도 세존그룹의 세이유 출신이니까 당연히 대형 광고대행사를 이용했습니다. 자연히 이런 일은 모두 하청회사에 맡기게 되지요.

담당자는 하청업자에게 전달만 하면 됩니다. 하지만 료힌케이카쿠는 세존그룹과는 입장이 다릅니다. 가만히 전달만 한다고 해서 대기업처럼 하청업체에서 알아서 일을 처리해주지 않습니다. 그 후에 지속적으로 관리를 해야 하는데, 지시만 내려놓고 손을 놓고 있으니까 진행이 되지 않았던 것입니다.

그래도 담당자는 "저는 분명히 제 할 일을 했습니다"라고 우겼습니다. 세이유였으면 광고가 늦어져도 그렇게 큰 문제는 아니었을 것입니다. 하지만 없는 예산을 어렵게 쪼개 광고비를 부담한 료힌케이카쿠 같은 회사의 입장에서는 다음 주에 완성된다고 했으면 반드시 다음 주에는 해결이 되어야 합니다. 그 사이에 하청업자에게 무슨 문제가 발생하든 우리 입장에서는 확실하게 예정된 시간에 광고물이 게시될 수 있도록 처리해야 하는 것이지요.

기무라　작은 회사의 일과 대기업의 일은 다르다는 말씀이군요.

마쓰이　당연합니다. 그런데 초기에는 대기업의 때를 벗지 못한, 그런 사람들이 료힌케이카쿠에 많았습니다. 경영자의 입장에서는 총무 담당이든 광고 담당이든 기본적으로 도움이 안 된다고 생각할 수밖에요. 저는 어느 회사에서나 그런 식으로 일을 처리하지 않았습니다. 료힌케이카쿠로 온 이후 "제가 하겠습니다"라고 한 업무는 반드시 처리했습니다. 눈에 보이는 결과가 나왔기 때문에 결과적으로 단기간에 승진할 수 있었습니다. 이미 성숙한 기업과 앞으로 성장할 기업의 경영 방침 사이에는 확실한 차이가 있습니다.

리더는 결국 성과를 만드는 사람이어야 한다

기무라 대기업에서는 부서끼리의 상호 불가침 조약이 있어서 자기 책임이 아닌 문제에는 간섭을 하지 않는 암묵적인 분위기가 있습니다. 하지만 기업을 성장시키려면 위험을 무릅쓰고 그런 문제에도 당당하게 발언할 수 있어야겠지요?

마쓰이 회사 입장에서 무엇보다 중요한 것은 결과를 보여주는 사람입니다. 그렇지 않으면 경영이 돌아가지 않으니까요. 그리고 좋은 결과를 내려면 마지막까지 책임을 져야 합니다.
반대로 생각하면 책임감이 없는 사람은 좋은 결과를 낼 수 없습니다. 지금 말씀하신 대기업병에 빠져 있으면 "나는 할 만큼 했어"라는 식으로 자신이 해야 할 일에 선을 그어 놓고, 자신의 수비 범위 밖으로는 나가려 하지 않지요. 그럼 계속 발전이 없이 제자리만 맴

돌게 됩니다.

기무라 　대표님이 사장이 되기 전과 후의 회사는 어떻게 다른가요?

마쓰이 　그건 그때그때의 제 직급에 따라 다를 것 같습니다. 료힌
케이카쿠에 들어가서 제가 가장 먼저 손을 댄 도전 과제는 인사제
도를 만드는 일이었습니다. 직원들을 채용하고 급여를 계산하고 노
동조합을 만들었지요. 결과적으로 인사관리 업무였습니다. 그 업무
하나는 확실하게 처리했습니다. 그러자 이번에는 영업본부장이라
는 직책을 맡기더군요. 상품부서와 판매부서가 있는, 사원의 80퍼
센트가 근무하는 부서의 사업부장이 된 것입니다.

사실 세이유 시절에 3년 정도 판매점에서 일한 경험이 있어서 영
업에 대해서는 어느 정도 이해하고 있었습니다. 하지만 상품부서나
품질관리부서에 관해서는 전혀 모르고 있었습니다. 그렇다고 사업
부장이 모른 척 어영부영 넘어갈 수도 없었습니다.

그때 영업본부에는 두 명의 판매부장과 상품부장, 그리고 전체를
담당하는 사업부의 과장, 이른바 키맨Keyman들이 있었기 때문에 우
선 그들과 집중적으로 소통을 했습니다. 키맨들에게서 주요한 정보
들을 입수한 이후에는 부장은 자신의 부하 직원인 과장을, 그 과장
은 점장을 관리하는 구조를 만들었지요. 혼자 모든 것을 살펴볼 수

는 없다는 사실을 빠르게 깨달았기 때문입니다.

기무라　영업본부장이 되고 나서 상품부서나 품질관리부서에 관해서 처음부터 공부하기에는 시간이 부족했겠지요. 그러니까 유능한 인재들을 모아 팀을 구성하고, 그들을 최대한 활용하는 방식이 최선이었다고 생각합니다.

_____　현장의 목소리를
　　　　　수집할 때 나타나는 부작용

마쓰이　저라는 한 사람이 살펴볼 수 있는 조직의 범위는 한정적입니다. 10명까지는 직접 관리할 수 있어요. 그래서 저는 그 10명 아래에 또 10명씩의 조직원을 두어, 100명의 조직을 관리하는 구조를 생각했습니다. 거기에 또 10명씩의 구성원이 있다면 모두 1000명의 조직이 되겠지요. 그런 식으로 관리해나가면 됩니다. 중국의 기마대가 이와 비슷하게 구성되어 있습니다. 이런 구조가 아니고서야 전체 직원을 모두 직접 관리하려는 것은 당연히 무리입니다. 저도 무인양품의 사업부장이 되고서야 회사 전체를 직접 관리할 수는 없다는 사실을 깨달았습니다. 그래서 두 명의 판매부장과 술자리를 가지는 식으로 직접적인 커뮤니케이션을 이어갔습니다. 그리고 그 판매부장은 자기 밑의 과장과 커뮤니케이션을 하게 만들었지요. 그런 식으로 부장 두 명을 직접 관리하자 판매부서를 거의 장악할 수 있었습니다.

그 과정에서 제가 깨달은 가장 나쁜 소통 전략은 사장이 직접 판매점으로 가서 현장의 목소리를 듣는 것입니다. 현장에서야 경영진을 만나면 이때다 싶어 이런저런 불만을 털어놓습니다. 하지만 현장의 불만을 듣고 본사로 돌아와 그대로 다른 임원이나 부장에게 지시를 내리면, 그들은 그 문제를 해결할 방법을 찾는 것보다 누가 그런 내부 고발성 발언을 했는지 먼저 찾아내려 합니다. 그런 부작용이 발생할 가능성이 큽니다.

기무라　자신을 통하지 않고 경영진에게 고자질이나 하는 사람을 용서할 수 없다는 것이겠죠?

마쓰이　세존그룹이 이와 같은 방식으로 현장의 목소리를 들었습니다. 이사회에서 경영진에게 올리는 보고들도 아예 거짓말은 아닙니다. 하지만 역시 현장의 목소리와는 다를 수밖에 없습니다. 이사회를 거치면서 각자 자신의 이익을 앞세우기 때문입니다. 그래서 세존그룹은 각 매장의 유능한 계장을 찾아내어 가끔씩 그들에게 직접 의견을 들었습니다. 그렇게 하면 이사들이 하는 말과 다른 점을 확인할 수 있으니까요. 이야기를 전해 들은 사장은 바로 본사로 돌아와 잘잘못을 따졌는데, 야단을 맞은 사람들은 화를 참지 못하고 사장의 행적을 추적해서 정보를 제공한 계장을 찾아내 보복을 했습니다. 료힌케이카쿠에서도 이와 비슷한 현상이 발생한 것입니다.

그래서 저는 현장의 의견을 특정 직원에게서 수집하는 방식은 바람직하지 않다는 사실을 깨달았습니다. 하지만 현장의 목소리를 누군가를 통해서 2차적으로 듣는 것 또한 문제가 있습니다. 특히 영업 부서에 내린 지시에 대한 답변은 대부분 날것 그대로 올라오는 경우가 없습니다. 대개 어느 정도 걸러진 상태이기 때문에 마치 지시한 대로 행동한 것처럼 들리지요. 이걸로는 현장의 흐름을 정확하게 파악할 수 없습니다.

그래서 매일 매장을 방문하는 '감사실'이라는 조직을 활용하기로 했습니다. 이 사람들의 본래 업무인 감사 외에 저의 지시가 현장에서 제대로 실행되고 있는지 사진을 찍어서 보고하게 했습니다. 그때그때 주제는 달랐지만 항상 매주 월요일 12시 30분에 결과를 보고받았습니다. 그렇게 하자 개인이 아닌 조직의 행동이라서 해당 부서에 보복을 하는 상황은 더 이상 발생하지 않았습니다.

기무라　그렇군요. 어떤 회사의 부서장은 회사 안에 공식적인 조직과는 별도로 '스파이'라고 부르는 자기 나름대로의 신경회로를 만들어둔다고 하더군요. 매일 현장에 갈 수는 없으니 현장에서 무슨 일이 발생하고 있는지 바로 파악할 수 있는 정보망이 필요해서 말입니다.

마쓰이　독자적인 루트, 즉 개인은 언젠가 반드시 발각이 됩니다. 그럼 세존그룹이나 제가 료힌케이카쿠에서 초기에 경험했던 것처럼 결국 보복을 당하는 사람이 나오게 되지요.

기무라　그 루트가 발각이 된다고요?

마쓰이　네. 개인을 활용하면 반드시 발각됩니다. 그래서 공식적인 조직을 활용해야 합니다. 감사실에서는 실제 목적을 밝히지 않고 점장과 상담을 하는 척하며 찾아갑니다. 그리고 보고를 할 때 판매부장도 함께 자리하게 합니다. 즉, 이해관계가 대립되는 사람들을 동석하게 하면 말꼬리를 잡는 일도 동시에 막을 수 있지요.
회사의 가장 큰 목적은 현장을 최적화하는 일이기 때문에 이해관계가 반대되는 사람들을 한자리에 모으면 겉으로는 대립하더라도 최종적으로는 하나의 결론을 도출해냅니다. 그럴 수 있을 때까지 기업의 능력을 끌어올리면 서로 등을 돌리는 결과를 만들지 않을 수 있습니다.

기무라   간단한 것처럼 말씀하셨지만 직접 조직을 이끌고 있는 사람들은 얼마나 어려운 일인지 알 수 있을 것입니다. 현장에서의 목소리를 모아 조직에 변화를 일으킨 것, 그야말로 정말 실전에서의 다크사이드 스킬이군요.

감각과 경험을 배제하는 구조의 힘, '무지그램'

마쓰이   현장의 상황을 정확하게 파악하고 있지 않으면 올바른 경영을 할 수 없습니다. 그래서 저는 과거의 실패를 거울삼아 사무실에 앉아서도 현장에서 발생하는 일들을 파악할 수 있는 구조를 만들었습니다. 바로 '매뉴얼'을 만든 것이지요.

매뉴얼이 필요하다고 생각한 이유는 감각과 경험에 의존하는 문화가 현장에 퍼져 있었기 때문입니다. 어느 날은 내일 아침 10시에 새로운 매장이 개점하기로 해서 전날 저녁 6시에 확인하러 갔더니 준비가 잘 갖추어져 있었습니다. 그런데 응원을 하러 온 베테랑 점장이 갑자기 자신의 방식으로 매장을 바꾸는 것 아니겠습니까?

무기력한 조직에 메스를 들이댈 리더의 용기

그런 식으로 방문을 하는 사람마다 모두 자기 나름대로의 방식대로 손을 대면 매장은 영원히 정돈될 수 없습니다. 점장이 100명이 있으면 100가지의 매장 형태가 있다는 의미고, 그런 상태로는 회사의 독창적 이미지를 갖추기 어렵다는 생각이 들었습니다. 그래서 어떤 점장이 배치되더라도 똑같은 매장 형태를 갖출 수 있도록 '무지그램MUJIGRAM'이라는 매뉴얼을 만든 것입니다.

그런데 막상 매뉴얼을 만들고 나니 또 너무 경직되어 보이더군요. 지시하는 대로만 움직이는 무미건조한 로봇을 다루는 느낌이라고나 할까요. 게다가 일은 계속 추가되는데 매뉴얼은 그대로이다 보니 문제가 발생했습니다.

그래서 참고 삼아 시마무라를 찾아갔는데, 그곳에서는 매뉴얼을 계속 업데이트하고 있었습니다. 그제서야 저희도 매뉴얼은 한번 만들었다고 끝나는 것이 아니라 계속 수정해야 한다는 사실을 알게 되었습니다. 이후로는 무지그램 역시 현장의 지혜와 고객의 의견도 포함해서 끊임없이 갱신하는 구조를 갖추었습니다.

기무라   대표님의 저서 『무인양품은 90%가 구조다』에도 "매뉴얼을 만드는 것에서부터 일은 시작된다"는 내용이 있지요.

마쓰이   아무리 훌륭한 매뉴얼을 만들어도 매장에서 100퍼센트 실행되지 않으면 의미가 없습니다. 보통 조직에서는 지시를 내리면 70~80퍼센트의 점장이 실천하고, 나머지 20~30퍼센트는 말을 듣지 않습니다. 진정한 리더라면 이 20~30퍼센트의 점장들까지도 지시를 따르도록 유도해야 합니다.

그래서 무지그램이라는 매뉴얼을 무조건 강요할 것이 아니라 하나의 습관으로 만들어야겠다고 생각했습니다. 예를 들어 '모든 사원이 인사를 한다'는 내용을 반복하는 것입니다. 초반에는 역시 20~30퍼센트의 직원은 듣지 않겠지만, 5년이 지나고 10년이 지나면 결국 언젠가는 인사를 하는 것이 당연하다고 생각하게 되지요. 일종의 '문화'가 되는 것입니다. 그런 매장의 문화가 형성되면 한 번의 지시로도 모든 매장이 즉시 움직입니다. 실행에 옮기지 않던 20~30퍼센트의 점장들이 사라지는 것이지요.

굳은 관습을 깨트릴 단서는 외부에 있다

마쓰이 이렇게 잘못된 조직의 습관을 회사 내부에서 스스로 깨트리기란 어렵습니다. 그 단서는 대부분 이제껏 경쟁 상대라고 생각해왔던 다른 회사에 있지요. 따라서 다른 회사의 좋은 것을 가져와 우리 회사의 구조에 접목시켜야 합니다.

그러나 기본적으로 기업 자체에 창조성과 강인함이 부족하면 아무리 좋은 장점이라도 접목시키는 것은 불가능합니다. 과거에 마쓰시타(현재의 파나소닉)가 철저하게 벤치마킹을 도입했는데, 당시에는 '모방 산업'이라는 비판을 들었지요. 창조성과 강인한 실행력을 이해하지 못하는 사람들은 그렇게 비난하기도 했지만, 사실 마쓰시타는 다른 회사의 장점을 모방해서 기업을 더 발전시켰습니다. 이것은 근본이 탄탄한 기업이 아니면 할 수 없는 일입니다.

기무라　다른 회사의 장점을 최대한 배우는 방식이군요.

마쓰이　다른 회사에서 배워 적용한다는 것은 상당히 어려운 일입니다. 우리는 시마무라에게서 매뉴얼을 바꿔나가야 한다는 지혜를 얻었습니다. 세존그룹 내 계열사들이 모두 시마무라를 찾아갔어도, 자사에 도입한 회사는 무인양품과 이토요가도(일본의 대형마트)뿐이었습니다. 즉, 계속 갱신되는 매뉴얼을 완성한 기업은 이 두 곳밖에 없습니다.

세이유도 시마무라의 장점을 배우기 위해 대형버스를 다섯 대나 빌려서 모든 점장을 데리고 견학을 갔습니다. 물류 센터를 살펴보고 본사에서 설명을 듣고 매장을 둘러보았지요. 저도 교육 담당이기 때문에 따라간 적이 있습니다만, 경영진에게 "보신 소감이 어떻습니까?"라고 물어보면 "많은 공부가 되었습니다"라고 말할 뿐 그것으로 끝입니다. 실제로는 전혀 바뀌지 않았습니다. 이것이 현실이지요.

저는 시마무라에 견학을 가서 대단하다는 느낌을 받았고, 어떻게든 이런 장점을 우리의 구조에 도입해야겠다고 생각했습니다. 그래서 시마무라의 후지와라 히데지로藤原秀次郎 대표를 사외이사로 초빙했습니다. 경영자에게 직접 들으니 경영진끼리의 교류를 비교적 원만하게 시작할 수 있었습니다.

저희는 두 회사의 물류부서 임원과 부서장, 과장급의 술자리를 마련해서 접점을 만들었습니다. 나중에는 료힌케이카쿠의 물류부서 과장이 시마무라에서는 재고를 어떤 식으로 관리하고 있는지 전화를 걸어 묻기도 하고, 경우에 따라서는 직접 견학을 가기도 했지요. 이런 과정들을 거치면서 시마무라의 창고는 우리와 전혀 다른 방식으로 관리되고 있다는 사실을 알게 되었습니다. 시마무라는 창고에 정말 적은 양의 상품들만 보관하고 있었고, 그 대신 매장이 상품들로 빼곡히 채워져 있었습니다. 이제는 시마무라가 물류를 어떤 식으로 관리하는지 전체적인 구조를 이해하게 되었습니다. 그것들이 모두 머릿속에 입력되자, 우리의 물류 구조를 어떻게 수정해야 좋을지도 떠오르기 시작했죠. 즉, 실무 담당자가 서로 전화로 연락을 주고받을 수 있는 수준이 아니면 다른 회사에서 강점을 배워오기는 어렵습니다.

──────── '5부 능선'과 '점토층'이 정보를 차단한다

기무라 　다크사이드 스킬에서는 "결정은 경영진이 내리지만 판단의 근거가 되는 정보를 제공하는 사람은 어디까지 중간관리자다. 경영진과 중간관리자가 가지고 있는 정보의 비대칭성을 이용하여 상사를 뜻대로 움직여라"라고 강조했습니다. 그런데 대표님은 현장에서 올라오는 정보를 감사실을 통해 수집하셨군요.

마쓰이 　현장에서 발생하는 모든 상황을 영업부서의 직원들이 일일이 보고하기는 힘드니까요. 현장의 계약직 사원이나 아르바이트생들의 목소리까지 올라오도록 만든 것이 무지그램입니다. 현장의 지혜를 담아 끊임없이 개선했습니다. 지금도 그렇고요.
하루에 17만 건이나 되는 고객의 목소리를 매장에서 모두 수집해 사원들에게 메일로 보냅니다. 월요일이 되면 급한 안건은 고객센터가 화요일 아침의 임원회의에 올립니다. 문제가 생긴 상품을 계속

해서 판매할 것인지와 같은 긴급한 판단은 그 자리에서 모두 처리합니다. 오후가 되면 고객의 요청을 회사에서 어떻게 처리했는지 사내 전체에 공유해서 24시간 이내에 고객에게 답변할 수 있게 합니다. 그럴 수 있는 구조로 만들었습니다.

기무라　팀장을 통해서는 한 차례 걸러진 정보가 올라올 수밖에 없으니까, 현장의 살아 있는 정보가 정확하게 경영자의 귀에 들어갈 수 있는 구조를 만들었다는 말씀이군요.

마쓰이　경영학자인 노나카 이쿠지로野中郁次郎가 제기한 '미들 업다운Middle-up-down 방식(톱다운이나 보텀업이 아닌, 전체 구성원이 상하좌우로 조직 전체에 정보나 지식을 알리고 실천해나가는 방식)'이나 닛산자동차의 사장이었던 카를로스 곤이 실행한 개혁에서도 리더들이 중심이 된 다기능팀 전략이 중요한 역할을 했습니다.

하지만 여전히 조직에는 '5부 능선'이라는 말이 있습니다. 산의 5부 능선 정도를 올라가면 구름 속에 서게 됩니다. 구름 아래에 있는 사람들과 구름 위에 있는 사람들은 구름이 모여 있는 위치가 보이니까 언제쯤 비가 내리겠다고 추측할 수 있지요. 하지만 딱 5부 능선 안에 위치한 사람들, 즉 구름 속에 있는 사람들은 그 사실을 파악하기가 쉽지 않습니다. 그런데 정작 이 사람들이 지시를 내려야 하기 때문에 여기에서 서로 인식의 차이가 발생합니다.

'점토층' 역시 중간관리자인 과장과 계장급을 가리키는 말입니다. 지시는 위에서 비처럼 내려오는데 중간에 점토층이 가로막고 있으면 그 아래로 스며들지 못합니다. 중간층이 정보를 아래쪽으로 흘려보내지 않는 것입니다. 조직에서는 의식적으로든 무의식적으로든 반드시 그런 고임 현상이 발생합니다. 따라서 그 부분을 바꾸어야 합니다.

예를 들어 월요일 오전 중에 영업회의가 열린다고 합시다. 그럼 이 자리에서 결정된 내용을 오후에 있을 각 부서회의에서 부서장이 직원들에게 설명하고 자신의 방침을 더해서 그 주의 전략을 세웁니다. 가장 중요한 회의지요. 하지만 영업회의에서 결정된 내용을 부서회의에 전달하는 단계에서 사실상 내용이 절반 이하로 줄어듭니다. 부장은 자신이 원하는 방향에서 유의미한 정보만 전달하기 때문입니다.

부서장의 그런 행동은 정말 위험합니다. 그래서 료힌케이카쿠에는 영업회의가 끝나면 모든 사원에게 자동으로 정보가 공유되는 시스템을 만들었습니다. 시스템을 구성하는 네 개 용어의 앞 글자를 따서 'DINA'라고 부르는데, 이 시스템을 통하면 '마감Deadline' '지시Instruction' '연락Notice' '의사록Agenda'을 모두 볼 수 있습니다. 열람한 사람은 ○표시를 하고 부서원 모두가 확인을 하면 부서 이름에

○가 표시됩니다. ×가 표시되어 있는 부서의 부서장은 누가 확인하지 않았는지 파악할 수 있습니다.

이렇게 해두면 영업회의에서 결정된 내용을 부서장이 일일이 전달할 필요가 없습니다. 회의가 끝나고 30분 정도가 지나면 모든 직원이 회의 내용을 인지할 수 있고, 사방으로 직접 소통할 수 있어서 5부 능선이나 점토층 같은 문제는 발생하지 않습니다.

마감만 정하고 과정은 온전히 맡겨라

마쓰이 업무를 언제까지 처리해야 할지가 가장 중요하기 때문에 일단 마감이 정해진 일은 반드시 지키게 합니다. 마감을 지키면 시스템상에서 '완료' 표시가 뜨고, 이를 몇백 명이나 되는 본사 직원들이 지켜보고 있으니 쉽게 어길 수 없습니다. 그리고 때로는 위험을 무릅쓰고 책임감을 갖고 일을 마쳐야 직원들도 성장할 수 있습니다.

저는 상사에게 보고하는 시스템으로 잘 알려진 이른바 '보고, 연락, 상담'은 그다지 효과가 없다고 생각합니다. 손을 잡아끌고 진행 상황을 살펴보면서 지시를 내려도 성장하지 못하는 부하 직원이 있고, 애당초 조직에서 가장 시간이 부족한 것은 리더입니다. 바쁜 업무 중에 부하 직원의 모든 업무에 그렇게 세세한 지시를 내릴 수 있는 리더는 거의 존재하지 않습니다. 그러니 해내는 방식은 자유입니다. 대신 언제까지 끝내겠다는 마감만 결정하고 확실하게 처리하면 됩니다.

그렇게 구조를 정해두지 않으면 소통이 끊어집니다. 상사의 지시가 아래까지 전달되지 않고 직원의 목소리는 상사에게 닿지 않습니다. 팀장들에게는 부서끼리의 장벽을 무너뜨려야 하는 역할이 있지만, 이렇게 팀 내에서 일어나는 갈등도 많습니다. 그 갈등의 원인을 찾아서 없애지 않으면 실제 현장에서 일하는 직원에게까지 신경을 쓰기는 어렵겠지요.

세 명 중 한 명은
개혁형 리더가 되어야 한다

기무라 구조화를 통해 점토층이던 사람들도 움직일 수 있다는 말씀이군요. 그럼 다른 주제로 넘어가서, 시간이 지나면 조직은 아무래도 비슷해집니다. 그런 문제를 해결하는 방법에 대해 저는 '눈치를 보지 않는 인재를 지지하라'라고 설명했는데, 료힌케이카쿠는 다른 회사의 장점을 받아들이는 방식으로 대응했군요.

마쓰이　처음에는 조직을 바꾸겠다는 생각으로 만든 구조도 언젠가는 방어적으로 바뀌어서 조직에 흡수되어버립니다. 이것이 대기업병이라는 현상이에요. 가만히 내버려두면 나도 모르게 자연히 호흡을 맞춰 문제가 발생하지 않는 방향으로 흘러갑니다. 그럴 때마다 각 담당자가 조정하려고 노력해도 한계가 있기 때문에 아예 처음부터 그런 현상이 발생하지 않을 구조를 만들어야 합니다.

무지그램을 만든 것도 현장에서 일하는 직원들의 지식과 연구를 바탕으로 지속적인 변화를 이룰 수 있게 하기 위함입니다. 한번 완성된 매뉴얼은 만들어진 순간 이미 낡은 것이 되어버리기 때문에 거기에 생명을 불어넣으려면 지속적인 변화가 필요합니다. 변화가 없으면 조직은 언젠가 반드시 쇠퇴의 길을 걷게 됩니다.

아직 구조가 만들어지지 않았다면 경영자가 앞서서 깃발을 흔드는 수밖에 없습니다. 하지만 경영자가 혼자 진두지휘하는 데는 한계가 있습니다. 게다가 애당초 혼자서 조직을 근본적으로 바꿀 수 있는 리더는 쉽게 나오지 않습니다. 세 명 중에 두 명은 '개선형'이어도 되지만, 한 명은 반드시 '개혁형'이어야 합니다. 한 명이 6년을 이끈다고 했을 때, 세 명이면 18년이 됩니다. 그 정도의 시간이 흐르면 비즈니스 환경이 완전히 달라지기 때문에 사업 모델을 바꿔야 할 때가 오는데, 그때 이 변화를 책임질 수 있는 개혁형 리더가 없는 조직은 사라지게 됩니다.

구조를 설명할 때 또 하나의 좋은 예는 도요타의 기업 문화입니다. 예전에 도요타의 공장에서는 경고등을 이용해서 문제가 생기면 즉시 주변에 알려 생산라인을 멈추고 그 자리에서 왜 문제가 발생한 것인지, 공정 전후 과정에 관하여 논의를 했습니다. 하지만 '이것이 회사 전체에 도움이 되는 것인가?' 하는 의문이 제기되었고, 이제는 현장에서 회사 전체에 가장 적합한 방식은 무엇인지 토론을 하는 기업으로 변했습니다. 무서운 기업이지요. 이런 것이 바로 계속해서 개혁과 변화를 거듭하는 기업 문화입니다.

조직이란 가만히 내버려두면 하나로 수렴해 대기업병에 빠져버리고 맙니다. 그런 조직을 지속적으로 변화시키려면 지금 말한 구조화와 기업 문화, 그리고 개혁형 리더가 필요합니다. 이 세 가지만 확실하게 갖추면 기업은 어떤 위기에도 살아남을 수 있습니다.

_____ 다른 유형의 사람을
후계자로 선택하라

기무라   그렇다면 세 명 중에 한 명을 개혁형 리더로 육성하기 위해 필요한 것은 무엇일까요?

마쓰이   여러 가지가 있겠지만 경영자의 입장에서는 자신과 같은 유형의 사람을 후계자로 선택하지 않는 것이 가장 중요하다고 생각합니다. 비슷한 성격의 리더를 선택하면 지시도 잘 이해하고 반발도 적기 때문에 안심하고 부하 직원을 양성할 수 있지만, 결국 그는 지금 경영진이 가진 능력의 70퍼센트 정도밖에 되지 않는 리더가 될 가능성이 매우 큽니다.

이후에 기업을 이어받은 경영자 역시 자신과 비슷한 유형이면서 본인 재량의 70퍼센트 정도인 후계자를 선택하게 되면, 70퍼센트의 70퍼센트가 되니, 초대 경영자의 49퍼센트 정도 능력밖에 갖추지 못한 리더가 되고 맙니다. 결국 3대에 걸쳐 초대 리더가 가진 능력치의 절반밖에 되지 않는 리더를 양성한 꼴이 됩니다. 실적은 당연히 나빠지겠지요.

물론 자신과 전혀 다른 유형의 후계자를 선택하면 언젠가 자신이 도태될 수도 있습니다. 하지만 경영진이 그런 위험도 감수해야 조직이 건강하게 발전할 수 있습니다.

경영자의 자리를 넘겨줄 때, 권력의 90퍼센트를 쥐어주지 않으면 조직은 원활하게 돌아가기 어렵습니다. 그러나 이 90퍼센트의 권력을 가지게 될 사람이 실수를 저지를 때를 대비해서 사장 자리에서 끌어내릴 수 있는 시스템도 필요합니다. 즉, 서로 모순되는 구조를 동시에 준비하는 것이지요.

기무라 통제의 문제군요. 같은 유형을 선택하지 말아야 한다는 말은 예스맨들이 주변을 둘러싸는 환경을 만들지 말아야 한다는 뜻이겠지요. 자신의 입장에서는 약간 불편하더라도 분위기를 읽지 못하는 사람이 자유롭게 발언할 수 있는 문화를 만들어야 한다는 것처럼 말입니다.

마쓰이 그렇습니다. 언제나 조직은 문제를 일으키지 않으려는 방향으로 움직이기 때문에, 어디선가 그런 흐름을 깨는 사람이 나오지 않으면 쉽게 썩어버립니다.

기무라 그럼 대표님이 처음 사장으로 취임했을 때도 그렇게 생각했나요?

마쓰이 네. 지금까지의 방식을 근본적으로 바꾸려면 기존의 가치관에 흠뻑 젖어 있는 주류파들은 어느 정도 물러나게 해야 했습니다. 그래서 생활잡화 담당, 관리 담당, 세이유 자회사의 사장이었던 사람, 미쓰비시의 섬유부장이었던 사람들을 모아 경영개혁팀을 만들었습니다. 기존의 경영 방식으로는 개혁을 할 수 없기 때문에 조직의 가치관과 행동을 바꾸려면 팀을 쇄신해야만 했습니다. 이는 어느 회사에서나 통용되는 절대적인 조건입니다.

기무라 　히타치의 가와무라 다카시가 CEO가 되었을 때도 그런 관점으로 팀을 만들었지요.

마쓰이 　가와무라 대표는 자회사인 히타치맥셀(히타치의 자회사로 건전지 제조업체)에서 돌아와 히타치그룹을 개혁했습니다. 돌아온 것만도 대단한데, 돌아오자마자 자회사의 부사장들을 모아 경영팀을 조직했습니다. 스물세 명의 기존 전무와 상무들은 모두 의사결정에서 제외시키고, 부사장 다섯 명과 가와무라 대표 등 여섯 명의 소수 정예팀이 경영을 판단하게 되었지요. 사실 그 여섯 명 외에는 모두 사업부 출신이라 사업부의 이익을 대표하는 사람들뿐이었기 때문에 토론을 해봐야 발전이 없었습니다.

부사장들도 근본적으로는 사업부 출신이었지만 변방에 있었기 때문에 모두 어려움을 겪으며 그 자리까지 올라간 사람들이었지요. 가와무라 대표는 힘든 경험을 해본 사람을 리더로 육성하려고 했던 것입니다. 따라서 이 여섯 명은 당시 히타치그룹에 무엇이 필요한지 잘 알고 있었습니다. 부서를 초월해서 가장 적합한 경영팀을 만들어 개혁을 단행한 것입니다.

개혁을 단행할 수 있는
리더의 카리스마란?

기무라 앞에서 삶에 관한 이야기도 나왔습니다만 리더가 결국 무엇을 하고 싶은지에 대한 가치관을 진중하게 갖추고 있으면 이른바 엘리트 코스, 주류에서 벗어났다고 해도 걱정할 필요가 없겠습니다.

마쓰이 좌천이 되어도 무너지지 않는 사람은 분명히 흔들리지 않는 가치관을 가지고 있는 사람입니다. 보통은 주류에서 벗어나면 직장인으로서의 생명이 끝났다고 생각합니다. 하지만 그럴수록 무너지지 않고 더 노력한다면, 나중에는 주류에서 벗어났던 경험으로 인해 부하 직원을 더욱 잘 살펴볼 수 있게 됩니다. 회사의 결함도 보다 정확하게 이해하고요.

물론 가와무라 대표는 좌천되었을 당시 본사로 다시 돌아갈 수 있을 거라고 생각하지는 않았을 것입니다. 하지만 다시 돌아와 개혁을 주도하게 되었을 때는 결과적으로 변방으로 내몰렸던 때의 경험이 큰 도움이 되었겠지요.

기무라　중심이 잡힌 가치관을 가진 리더라면, 조직을 개혁할 때 모든 사람에게 호감을 얻을 수는 없다는 생각을 가지고 과감하게 의사결정을 합니다. 당당하게 미움을 살 수 있는 용기, 돌변할 수 있는 용기를 가진 셈이지요.

마쓰이　저는 더 나아가서, 결과적으로 미움을 사는 경우뿐 아니라 처음부터 미움을 사고 시작하는 것도 나쁘지 않다고 생각합니다. 지금까지의 가치관과는 정반대가 되는 일을 하려고 하면 처음에는 거의 모든 사람들이 저항을 합니다. 그 저항을 적절하게 통제하기 위해서는 위에서 완력으로 누르는 방법도 있고, 팀을 적절하게 융화시켜나가는 방법도 있습니다. 정치가들이 흔히 그렇듯 일부러 외부에 적을 만들어서 모두가 단합하게 만드는 방법도 있지요. 그것은 리더가 각자 자신의 개성에 맞추어 실행하면 됩니다.

경영자도 어디까지나 자신의 개성을 바탕으로 팀을 이끕니다. 하지만 지금은 "나를 따르라!"라는 말만으로는 움직이지 않는 시대입니다. 즉, 다양한 가치관을 가진 사람들을 함께 끌고나갈 수 있는 리더가 필요합니다.

기무라　이른바 지위를 이용해서 관리하는 방식으로는 더 이상 통제가 불가능하다는 말씀이군요.

마쓰이　그렇습니다. 지금은 모두가 납득하는 일을 확실하게 밀고 나가는 사람, 행동으로 보여주는 사람, 위엄 있는 카리스마는 없어도 평소의 언행이 바르고 신념이 흔들리지 않는 사람, 팀을 정리하는 능력이 뛰어나고 기본에서 벗어나지 않는 사람, 그런 사람이 필요하고 거기에 리더 각자의 개성도 더해져야 합니다. 경영 방식은 개성만큼 다양합니다.

기무라　하지만 자기 나름대로의 신념을 가지고 경영에 힘쓰다 보면 신념을 시험당하는 순간이 찾아옵니다. 대표님도 나름의 기준이 있었을 텐데요.

마쓰이　그렇습니다. 저는 중심축이 흔들리는 경우가 거의 없었습니다만, 모든 사람들의 의견을 듣기는 했습니다. 실제로 일을 실행할 직원들의 의견을 듣지 않고는 시작할 수 없습니다. 하지만 그때도 "마쓰이 대표는 열심히 의견은 듣지만 결국은 우리의 의견과 다른 결정을 내린다"는 말을 자주 들었습니다.

조직에서 문제가 발생하면 일단 저는 직원들의 의견을 묻기 전에 어떻게 해결할 것인지에 대해 제 생각을 먼저 정리합니다. 그 후에 더 나은 생각을 찾아보지만 다른 사람들에게서는 제 생각을 뒤집을 만한 의견이 좀처럼 나오지 않더군요. 대부분 사외이사들의 입에서 나오지요. 물론 다양한 의견을 들어보고, 마지막에는 제가 결단을 내립니다. 그래도 의견을 들어본 것과 그렇지 않은 것에는 큰 차이가 있습니다.

세상에는 저 같은 사람은 도저히 상대가 되지 않는 우수한 경영자들이 많습니다. 그래서 2002년에 사외이사 제도를 도입하여 배우고 싶은 경영자들을 멘토로 삼은 것입니다.

기무라　서슴없이 충고나 조언을 해줄 수 있는 사람을 몇 명이나 곁에 둘 수 있는지도 중요하군요.

마쓰이　그렇습니다. 저도 외부에서 사외이사를 초빙해올 때는 반드시 경영자의 경험이 있는 사람을 우선순위로 꼽습니다. 사장과 부사장 사이에도 경영 경험에 있어서는 엄청난 차이가 있기 때문에 사장을 경험한 사람을 찾습니다.

또 하나는 존경할 수 있는 경영자를 구합니다. 듣기 좋은 말이나 해주는 사람은 필요가 없습니다. 이사회가 사내에서 이루어지는 만큼 사장이 의장 역할을 맡아도 문제는 없지만, 사외이사가 세 명 정도만 동석해도 긴장한 상태로 회의를 할 수 있지요. 이런 분위기를 조성하는 것이 목적입니다.

기업은 사장의 인격 이상이
될 수 없다

마쓰이　회사는 사장의 그릇, 말하자면 사장의 인격 이상으로는 커지지 않습니다. 다시 말해, 사장이 포용할 수 있는 범위가 작으면 회사 역시 어느 정도 이상으로는 확장될 수 없지요.

기무라　그래서 사장도 권위에 의존하기보다는 어떻게 전인격적인 리더십을 갖추는지가 회사를 강하게 만드는 데 매우 중요한 역할을 합니다.

마쓰이　지금의 경영자에게는 모두의 의견을 듣고 팀의 기능에 따라 나누어 정리할 수 있는 능력이 필요합니다. 조직이 효과적으로 운영되려면 모든 사람들은 자신의 개성을 바탕으로 자유롭게 발언을 할 수 있어야 합니다. 그리고 리더는 얼핏 중구난방으로 보이지만, 자유롭고 다양한 부하 직원들의 발언을 체계적으로 발전시킬 수 있어야 합니다.

기무라　하지만 그러면서도 단순히 조정하는 리더가 아니라 마지막에는 스스로 결정을 내릴 수 있는 리더여야겠지요.

마쓰이 맞습니다. 조정형 리더는 지금의 난국을 헤쳐 나갈 수 없습니다. 지금까지 권장됐던, 모든 사람의 의견을 바탕으로 종합해 해결책을 모색했던 경영 방식은 최악의 패턴입니다. 결정권이 있는 사람에게 90퍼센트의 권한을 모아주어야 합니다. 사공이 많으면 배가 산으로 가듯이, 여러 사람이 책임을 골고루 나눠 가지면 경영은 올바르게 이루어질 수 없습니다.

경영에서 가장 지양해야 할 것이 다수결입니다. 적어도 토론으로 경영 방침을 결정하는 것은 최선이 아닙니다. 누구에게도 책임을 미루지 말고 경영자가 스스로 결정해야 합니다.

기무라 다양한 사람들의 의견을 듣는 것은 중요하지만 마지막 결정은 경영자가 해야 할 일이라는 말씀이군요. 앞서 말한 것처럼 비즈니스 문제에 부딪쳤을 때 가장 효과적이고 현명한 답은 무엇보다 경제적으로 합리적인 판단입니다. 어려운 결정을 외면하지 않고 이성과 감성을 적절하게 사용할 수 있어야 다크사이드 스킬로 빛나는 리더가 될 수 있습니다.

이번 자리를 통해 실제로 다크사이드 스킬을 적용하여 무너져가고 있는 기업을 되살린 사례를 상세히 보여주신 마쓰이 타다미쓰 대표님께 감사드립니다.

마쓰이 　네, 저도 감사합니다. 실제로 조직의 리더들이 다크사이드 스킬을 활용할 수 있게 되기까지 수많은 주저함을 물리쳐야 한다는 사실을 저도 잘 알고 있습니다. 강조하고 싶은 것은 리더들에게는 다른 직원들보다 더 큰 그림을 보는 시야가 필요하다는 점입니다. 목표를 이루기 위해서 때로는 무기력에 빠진 조직에 날카로운 칼을 들이댈 수 있는 리더의 역할이 요구된다는 것을 명심한다면 좋겠습니다.

맺는 글

신념 있는 리더가 있는 한
기업의 미래는 밝다

이 책을 읽은 나의 회사 동료나 부하 직원들은 틀림없이 "이건 네가 할 말이 아닌데!"라고 말하며 웃을 것이다. 그렇다. 사실 부끄럽지만 나 자신도 아직 리더가 되는 길 위에서 매일 격투를 벌이며 고군분투하고 있다. 그리고 이 길은 언젠가 종점에 도착할 수 있는, 끝이 있는 길이 아니라 영원히 걸어야만 하는 길이 될 수도 있다. 그런 의미에서 이 책의 내용을 인생의 지침으로 삼아 매 순간 유념해야 할 사람은 정작 나 자신일지도 모른다.

나에게는 두 가지 소명이 있다. 먼저 산업적인 측면에서는 다음 세대를 위해 보다 나은 경영 환경을 만들어주는 것이고, 두 번째는 그렇게 하기 위해 지금 세대의 기업 경쟁력을 높여 위기에 강한 차세대 리더를 육성하는 것이다.

매일 수많은 기업의 현장을 살펴보다 보면, 경쟁력 있는 기술력이나 정밀한 작전을 실행해낼 수 있는 조직이 정말 많다는 걸 절감하곤 한다. 게다가 유구한 역사를 이뤄온 기업들의 문화와 가치관은 국가를 넘어 전 세계를 뒤흔들 만한 힘을 갖고 있다.

　이런 기업들의 능력과 문화를 어떻게 올바른 방향으로 이끌어 치열한 변화의 시대에 대응할 것인지야말로, 지금 기업들이 고민해봐야 할 문제라고 생각한다. 그러기 위해 각 세부 조직을 이끄는 리더가 제 기능을 다하도록 교육하는 것이 오늘날 모든 기업이 마주한 과제이다. 리더들이 먼저 나서서 틀에 박힌 사고방식을 깨트리고, 다양성을 수용하며, 작은 문제라도 정면으로 부딪혀 돌파하는 모습을 갖추면, 틀림없이 밝은 미래가 기다릴 것이라고 믿는다. 그래서 나는 앞으로도 많은 기업을 드나들며 내가 가르칠 수 있는 일들을 널리 전파할 생각이다.

　마지막으로 매우 바쁜 상황임에도 불구하고 대담에 흔쾌히 응해주신, 진심으로 존경하는 마쓰이 타다미쓰 대표님에게 감사의 말을 보낸다. 마쓰이 대표님과 토론하면서 나 스스로도 많은 자극을 받고 귀중한 조언을 들었다. IGPI의 대표 파트너인 도야마 가즈히코, 무라오카 다카시村岡隆史를 비롯한 다른 모든 파트너들에게도 감사의 뜻을 전한다. 또 이 책을 집필하기 위해 주말이라는 귀중한 시간을 몇 번이나 양보해준 가족에게도 고맙다는 말을 전하고 싶다. 끝으로 이 책을 담당해준 니혼게이자이신문출판사의 아카기 유스케赤木裕介 씨와, 구성을 담당해준 다나카 유키히로田中幸宏 씨에게도 많은 신세를 졌다. 이 자리를 빌려 진심으로 감사의 말씀을 드린다.

옮긴이 이정환

경희대학교 경영학과와 인터컬트 일본어학교를 졸업했다. 리아트 통역 과장을 거쳐, 현재 일본어 전문번역가 및 동양철학, 종교학 연구가, 역학 칼럼니스트로 활동 중이다. 옮긴 책으로 『도쿠가와 이에야스 인간경영』 『디자이너 생각위를 걷다』 『지적자본론』 『신경 쓰지 않는 연습』 『고양이는 내게 나답게 살라고 말했다』 『가슴에 바로 전달되는 아들러식 대화법』 『아침 3분 데카르트를 읽다』 『2억 빚을 진 내게 우주님이 가르쳐준 운이 풀리는 말버릇』 등이 있다.

최고의 리더는 어떻게 변화를 이끄는가

초판 1쇄 발행 2018년 8월 16일
초판 7쇄 발행 2022년 4월 22일

지은이 기무라 나오노리
옮긴이 이정환
펴낸이 김선식

경영총괄 김은영
콘텐츠사업1팀장 임보윤 **콘텐츠사업1팀** 윤유정, 한다혜, 성기병, 문주연
편집관리팀 조세현, 백설희 **저작권팀** 한승빈, 김재원, 이슬
마케팅본부장 권장규 **마케팅2팀** 이고은, 김지우
미디어홍보본부장 정명찬 **홍보팀** 안지혜, 김은지, 박재연, 이소영, 김민정, 오수미
뉴미디어팀 허지호, 박지수, 임유나, 송희진, 홍수경 **재무관리팀** 하미선, 윤이경, 김재경, 오지영, 안혜선
인사총무팀 이우철, 김혜진 **제작관리팀** 박상민, 최완규, 이지우, 김소영, 김진경
물류관리팀 김형기, 김선진, 한유현, 민주홍, 전태환, 전태연, 양문현

펴낸곳 다산북스 **출판등록** 2005년 12월 23일 제313-2005-00277호
주소 경기도 파주시 회동길 490
전화 02-702-1724 **팩스** 02-703-2219 **이메일** dasanbooks@dasanbooks.com
홈페이지 www.dasan.group **블로그** blog.naver.com/dasan_books
종이 (주)한솔피앤에스 **출력 · 인쇄** (주)갑우출판사

ISBN 979-11-306-1864-7 (03320)

다산북스(DASANBOOKS)는 독자 여러분의 책에 관한 아이디어와 원고 투고를 기쁜 마음으로 기다리고 있습니다.
책 출간을 원하는 아이디어가 있으신 분은 다산북스 홈페이지 '투고원고'란으로 간단한 개요와 취지, 연락처 등을 보내주세요.
머뭇거리지 말고 문을 두드리세요.